PENSARON

— POR —

SÍ MISMOS

PENSARON

— POR —

SÍ MISMOS

SID ROTH

CASA
CREACIÓN

Pensaron por sí mismos por Sid Roth
Publicado por Casa Creación
Una compañía de Charisma Media
600 Rinehart Road
Lake Mary, Florida 32746
www.casacreacion.com

Originally published in the USA by
Shippensburg, PA
under the title
They Thought For Themselves
Copyright © 2009- Sid Roth USA
All rights reserved

Traducido por: Wendy Bello
Director de diseño: Bill Johnson

Library of Congress Control Number: 2011930038
ISBN: 978-1-61638-306-0

Impreso en los Estados Unidos de América
11 12 13 14 * 5 4 3 2 1

Dedicatoria

A Joy

Contenido

Introducción

Mi padre nació en Polonia, en una familia judía tradicional. La familia de mi madre, aunque también era muy judía, estaba mucho más americanizada. Papá ganó en nuestra educación religiosa. Yo asistí a una sinagoga tradicional y me instruyeron para el bar mitzvá.

Incluso siendo niño yo veía la hipocresía de nuestras prácticas religiosas. Por ejemplo, en los días feriados más importante, estacionábamos el auto lejos de la sinagoga porque no queríamos que el rabino supiera que habíamos manejado un sábado. Y teníamos que llegar temprano o los demás miembros ocuparían los mejores estacionamientos.

Los largos servicios en hebreo, un idioma que yo no comprendía, aumentaban mi aburrimiento y resentimiento. ¿Por qué vamos a la sinagoga? ¿Para qué todo el ritual? ¿Por qué Dios no nos hablaba hoy? ¿La Biblia venía de Dios? Esas eran solo algunas de las preguntabas que me asediaban.

Yo me sentía orgulloso de ser judío, pero el lado religioso me repugnaba. Simplemente no tenía ninguna relación conmigo.

Durante casi 30 años Dios no tuvo ninguna relevancia para mí, hasta que pensé por mí mismo.

Este libro es el resultado de un sueño que tuve en el que se me ordenaba que buscara y entrevistara a judíos que hubieran roto el molde de sus experiencias previas para alcanzar su destino. Todo el mundo tiene un destino especial pero poco lo alcanzan.

Las personas de este libro provienen de trasfondos muy diferentes, entre ellas hay un sobreviviente del holocausto, un multimillonario, un ejecutivo de los medios de comunicación y una persona que tiene un doctorado. Su crianza va desde ateos hasta ortodoxos.

¿Cuál es el denominador común de este grupo inusual?

Todos pensaron por sí mismos...y se atrevieron a desafiar lo prohibido.

Si alguna vez usted pensó que la vida es algo más, ¡tenía razón!

Capítulo 1
por David Yaniv

CAPÍTULO 1

Paralizado... "¡Aprenda a vivir así!"

Nací en Tel Aviv en 1936, de padres que emigraron de Alemania. Mis padres seguían la tradición, celebraban el Yom Kippur, el Rosh Hashaná, y otras festividades pero en realidad no eran religiosos. Después de la Segunda Guerra Mundial, cuando mi padre supo que dos de sus hermanas y un hermano habían sido asesinados en la Alemania nazi, tomó cada Biblia y todo lo que había en nuestra casa que tuviera algo de religioso y lo botó. "¿Dónde estaba Dios?", preguntaba. "¿Cómo Dios pudo permitir que sucediera algo así?" Desde entonces yo fui criado en un hogar ateo. Mi padre incluso se negaba a que yo tuviera un bar mitzvá. Aunque al final lo permitió, se negó a poner un pie en la sinagoga.

"¿Cómo Dios pudo permitir que sucediera algo así?"

En 1960 yo me casé con una chica sudafricana de nombre Sheila, a quien conocí cuando vino a Israel de turista con su madre. En aquel entonces yo era guía de turismo y chofer de autobuses. Su madre, que hizo dos giras turísticas conmigo, me dijo un día: "Mi niña me está esperando en Haifa. Quiero que la conozcas". Yo pensé que era raro que esta señora anciana tuviera una niña, pero cuando llegamos a Haifa y vi a su "niña" me di cuenta de que ella era una casamentera. Sheila y yo fuimos a Sudáfrica de luna de miel para visitar a su familia y nos quedamos allí doce años y medio.

Yo soy ingeniero de refrigeración y aire acondicionado de oficio. Durante un tiempo me fue muy bien en los negocios en Sudáfrica. Entonces asumí el proyecto de poner aire acondicionado a un edificio grande. El técnico que contraté para calcular los costos y los materiales cometió un error y perdí todo mi dinero.

Mi abogado me dijo que no valía la pena demandar al técnico porque no tenía seguro. Y aunque yo estaba en bancarrota, tenía que terminar el trabajo porque había firmado un contrato.

El error me paralizó de por vida

Después de eso decidí regresar a Israel. Regresar fue difícil para mi esposa pero ella se daba cuenta de que era lo mejor para nosotros y para nuestros dos hijos que tenían 11 y 8 años. En aquel entonces yo hablaba hebreo, pero mi familia no. Decidimos vivir en una *moshav*, que es una comunidad agrícola similar a un *kibutz*.

Yo pensaba que nos quedaríamos allí por un tiempo corto para que mi familia aprendiera hebreo y luego yo encontraría trabajo en mi profesión. Pero cuando llegó el momento y yo dije: "Bien, vamos a mudarnos a la gran ciudad", ellos no querían irse. Amaban la vida en la moshav. Incluso si ellos hubieran estado de acuerdo en irse, hubiera sido difícil. Ahí uno no puede tener ahorros porque solo recibe una pequeña cuota mensual para comprar comida y otras provisiones. Pero si nos quedábamos en la moshav, teníamos la vida resuelta.

Durante el primer año en la moshav tuvimos que trabajar en diferentes oficios para que todo el mundo nos conociera y nosotros conocer a todos. Hacia el final del año, me asignaron a ordeñar las vacas. Lo disfrutaba porque era algo nuevo y porque sabía que era solo una tarea temporal.

> **El primer año en la moshav tuvimos que trabajar en diferentes oficios para que todo el mundo nos conociera y nosotros conocer a todos.**

Un día resbalé en el establo porque el piso estaba húmedo y caí de plano sobre la espalda. Me dolía tanto la espalda que fui al hospital para que me la revisaran. Los técnicos del hospital no encontraron nada grave en las radiografías. Me dijeron: "Fue solo un buen golpe. Ve a casa, descansa, toma algunos analgésicos y en un par de semanas estarás bien".

En lugar de mejor, el dolor empeoró. Cuando fui al hospital

por segunda vez volvieron a hacer radiografías y otra vez me mandaron a casa diciendo que no había ningún problema. Descansé otras dos semanas, pero a esas alturas el dolor era intolerable. Yo nunca había experimentado un dolor así. Al principio los analgésicos ayudaban pero luego de un tiempo perdieron su efecto. Yo seguí aumentando la dosis al punto que tomaba 50 pastillas al día durante tres años.

Llegó un momento en que cada mañana cuando me levantaba tenía los pies entumecidos. Yo sabía que algo andaba muy mal, pero también sabía que no podía regresar al mismo hospital.

Debido a la burocracia de Israel, era necesario tener varias conexiones para llegar a otro hospital, pero a través de amigos que conocían a alguien, que conocía a alguien, se hicieron arreglos para que visitara otro hospital en Tel Aviv. Los doctores hicieron una radiografía especial que se llama mielografía.

Después de la radiografía, el jefe del departamento de neurocirugía vino a verme en persona y me dijo: "Tiene dos discos desplazados, uno de los dos está comprimido por completo y al otro le falta un pedazo". Le asombraba que yo hubiera esperado tanto para buscar ayuda.

Cuando le pregunté su pronóstico me contestó:

—Bueno, tendremos que operar.

—¿Qué implica eso? —le pregunté con recelo.

—Ah, eso no es nada. En diez días estará de regreso en casa como nuevo —dijo él.

Eso me parecía maravilloso, Así que le dije;

—Hagámoslo.

En la noche, cuando me desperté de la anestesia después de

la operación, no tenía sensación ninguna de la cintura para abajo, así que llamé a un médico. El doctor del turno de la noche dijo:

—No puedo decirle nada. Tendrá que esperar hasta la mañana cuando vengan todos los cirujanos para el turno del día.

> **En la noche, cuando me despertÉ de la anestesia después de la operación, no tenía sensación ninguna de la cintura para abajo.**

A la mañana siguiente el médico que me operó vino a verme y me dijo:

—David, lo lamento mucho. Le tengo malas noticias.

Tratando de prepararme le pregunté:

—¿Qué quiere decir con que me tiene malas noticias?

—Cometí un error y estarás inválido de por vida —me dijo.

Al parecer había cortado demasiado con su bisturí y cortó varios nervios que eran fundamentales para poder caminar. Yo no tenía sensación ninguna en una pierna y solo un poco de sensación en la otra.

Al principio estaba en shock. Luego comencé a sentir pena por mí mismo. Yo pensaba: *¿Qué voy a hacer? Antes tenía dolor pero al menos podía caminar. Si pudiera volver el tiempo atrás, preferiría vivir con el dolor.* Pero no podía volver atrás.

Un hombre destruido

El pronóstico del médico para el futuro se resumía en una sola y fría oración: "Aprende a vivir así". Era muy difícil. Yo detestaba a todo el mundo. Culpaba a todo el mundo. Pero lo peor de todo era que me odiaba a mí mismo terminantemente. No podía aceptar lo que había sucedido.

Del hospital me enviaron a una clínica de reposo llamada Beth-Levinshtein, que ayuda a las personas paralíticas, sobre todo soldados que fueron heridos en la guerra. También recibían algunos casos privados, como el mío. Allí comencé a sentirme un poco mejor conmigo mismo porque todos a mi alrededor, o estaban peor que yo o estaba en la misma condición. El personal me hizo un aparato ortopédico que estaba sujeto a unos zapatos especiales. Con la ayuda de las muletas y aquel aparato yo podía andar sin una silla de ruedas, aunque era muy difícil.

> **Pero lo peor de todo era que me odiaba a mí mismo terminantemente. No podía aceptar lo que había sucedido.**

Tres meses y medio después, regresé a la moshav y me encontré mi casa transformada. Mis amigos habías hecho una rampa para que yo pudiera entrar fácilmente a la casa con mi silla de ruedas. Instalaron agarraderas en el baño y en otros lugares de la casa donde yo pudiera necesitarlos. Yo me sentía muy agradecido.

Pero ahora yo estaba rodeado de personas saludables, activas y comencé a darme cuenta de cuán inválido estaba. Comencé a sentir pena de mí mismo otra vez, tanto así que necesité tratamiento psiquiátrico. Nunca jamás se me hubiera ocurrido a mí que necesitaría un psiquiatra. Siempre había sido una persona fuerte. De repente era un hombre destruido.

De repente era un hombre destruido.

En breve el psiquiatra se dio por vencido conmigo porque yo no dejaba de sentir pena de mí mismo. Era la persona más infeliz que pudiera imaginarse. No podía perdonar al médico. No podía perdonar a nadie.

Mi estado también era muy difícil para mi esposa, al punto que yo temía que ella me abandonara. Nunca lo hizo. De hecho, trataba de tranquilizarme y me decía que no me preocupara, que ella se quedaría junto a mí contra viento y marea. Pero mientras más ella me decía que no me preocupara, más me preocupaba yo.

La moshav me dio un trabajo fácil en la oficina donde mis compañeros de trabajo eran especialmente atentos. Pero mientras más agradables eran ellos, peor me sentía yo. Estaba seguro de que me daban ese trato especial por mi invalidez.

En medio de mis lamentos, todavía tenía la esperanza de que algún día volviera a caminar. Un día leí en un periódico sobre un hombre que ponía su mano sobre los enfermos, transmitía a sus cuerpos algo que parecía un impulso eléctrico y las personas se sentían mejor. La moshav ofreció pagar mis gastos, así que fui a verlo. Nada pasó.

Entonces oí hablar de un gurú. Fui a verlo y obtuve el mismo resultado. Yo creía en cada persona que iba a ver. Cuando uno está tan desesperado como yo lo estaba, uno prueba cualquier cosa. La moshav incluso pagó por una meditación trascendental. Nada funcionaba.

> **Nada pasaba.**
> **Nada funcionaba.**

Luego de siete años y medio de probar todo lo que el mundo podía ofrecer, por fin me di por vencido. Por fin acepté el consejo versado de todos los especialistas, profesores y neurocirujanos que me decían: "Aprenda a vivir así. Usted estará paralítico por el resto de su vida. Ni siquiera piense que va a mejorar". Hacía tiempo ya que mi esposa había perdido la esperanza de que mi estado mejorara alguna vez. Ella decía: "¿Qué es lo que estás persiguiendo? Acéptalo. Vas a seguir así. Yo lo he aceptado. ¿Por qué tú no puedes aceptarlo?".

Y en ese momento, lo acepté realmente. Seguía sintiendo pena por mí mismo, pero lo acepté. Me di cuenta de que nadie podía ayudarme. Decidí seguir adelante y tratar de llevar una vida tan normal como pudiera.

¿Por qué no ora conmigo?

Un día me quedé en la casa y no fui a trabajar porque tenía influenza y estaba totalmente aburrido. A las dos de la tarde decidí ver la televisión. Ya que las estaciones israelíes solo transmitían en la tarde, empecé a ver un programa de la televisión libanesa que se llamaba *El club 700*. El nombre me tenía intrigado, yo pensaba que era un programa de entretenimiento.

Pronto me di cuenta de que era un programa cristiano. Pero no tenía más nada que hacer y sentí curiosidad, así que seguí mirándolo. No obstante, me parecía que estaba haciendo algo malo, así que cerré la puerta. No quería que mi esposa y mis hijos me sorprendieran viendo televisión cristiana.

El programa captó mi interés porque mostraba historia de personas que habían sido sanadas de diversas enfermedades. La primera vez que lo vi hubo una entrevista con una mujer que fue sanada de cáncer. Ella mostró una radiografía de un tumor del tamaño de una naranja. Luego mostró la radiografía del mismo lugar, tomada tres días después. El tumor había desaparecido.

Yo estaba seguro de que era un engaño. Esa gente tenía que ser actores pagados. Algunas de las historias hasta me hicieron reír a carcajadas por lo absurdo de las afirmaciones. Sin embargo, yo seguía viéndolo todos los días a las dos de la tarde, a puertas cerradas.

Después de un mes, decidí contarle a mi esposa. Le dije:

—Sheila, he estado viendo un programa cristiano sobre personas que han sido sanadas al creer en Jesús y cuando la gente ora por ellos. —Yo esperaba que ella se molestara conmigo, al contrario— Si te hace sentir mejor, sigue viéndolo. —Ella hasta sugirió que lo grabara para que pudiéramos verlo juntos en la noche.

Durante cada programa había un momento en el que uno de los anfitriones, Ben Kinchlow, decía: "Ore conmigo". Cada vez que llegaba esa parte, yo apagaba el televisor. Ni siquiera quería escuchar a la gente orar a Jesús. Me parecía que estaba mal.

> **Cada vez que llegaba esa parte, yo apagaba el televisor. Ni siquiera quería escuchar a la gente orar a Jesús. Me parecía que estaba mal.**

Mientras lo veía solo una tarde, varios meses después, parecía que el dedo de Ben salía del televisor y me apuntaba directamente. Él dijo: "¡Usted! ¿Por qué no ora conmigo?". Yo podría haber jurado que él estaba hablando conmigo directamente. Me asusté. Cuando vine a ver, estaba haciendo la oración de salvación con él. Yo estaba orando con él a este "Jesús" quien para mí nunca había sido más que un nombre profano. Cuando se terminó aquella oración, yo no podía creer lo que había hecho. Pensé para mis adentros: *¿Qué rayos hago ahora?*

Enseguida le conté a Sheila. Otra vez ella me respondió de una manera más positiva de lo que yo esperaba. Ella dijo: "Si te hace sentir bien, sigue adelante. Pero hazme un favor; no se lo digas a nadie. Por ahora que quede entre nosotros".

Yo estaba seguro de ser el único judío en el mundo entero que había hecho esa oración alguna vez. Yo pensé: *lo primero que tengo que hacer es comprar una Biblia completa.* Así que fui a Nazaret y compré una Biblia. En la librería vi un mapa de la ciudad y, de alguna manera, el nombre de una iglesia bautista atrajo mi mirada.

Cuando comencé a leer mi Biblia descubrí pronto que había mucho más de lo que yo hubiera imaginado jamás. Descubrí que las profecías del Antiguo Testamento se cumplen en el Nuevo

Testamento. Y comencé a preguntarme por qué los judíos a lo largo de los siglos no habían creído en Jesús.

Serás sanado

El domingo siguiente fui a la iglesia bautista a las ocho de la mañana. Era demasiado temprano y las puertas estaban cerradas.

A mi alrededor escuchaba las campanas de las iglesias sonando ¡y esta iglesia estaba cerrada! Estaba a punto de irme cuando un hombre árabe se me acercó y se presentó como el pastor. Primero me habló en árabe y luego en inglés porque no hablaba hebreo. Cuando le conté mi historia se quedó asombrado. "Hemos tratado durante años que los judíos vengan al Señor y usted llega por sí solo. Esta es la primera vez desde que soy pastor que esto sucede."

El pastor me invitó a quedarme para el servicio. Al ser judío en una congregación árabe yo pensé que me sentiría fuera de lugar, pero no fue así. El amor que experimenté ese día fue el amor de Jesús.

> **El amor que experimenté ese día fue el amor de Jesús.**

Al final del servicio hubo una invitación para pasar al frente y recibir al Señor como Salvador personal. Después de pasar al frente, descubrí que estaba haciendo la misma oración que había orado a diario durante cuatro meses y medio frente a mi televisor, pero en esta ocasión lo hice frente a toda una congregación de testigos.

Esto era prácticamente demasiado para mi esposa. Una cosa era ver un programa cristiano o hacer una oración en privado.

Otra muy diferente hacer una profesión pública de fe en Jesús. Se indignó mucho porque yo hubiera hecho algo así sin consultarle primero.

Sin embargo, a medida que pasaron las semanas y ella vio que yo permanecía firme en mi decisión, estuvo de acuerdo en asistir conmigo a una reunión de judíos creyentes. Muy poco después ella también aceptó a Jesús.

Alrededor de unos cinco meses después de creer en el Mesías, estaba viendo nuevamente *El club 700* cuando uno de los anfitriones, Danuta Soderman, tuvo una palabra de conocimiento. Ella dijo: "Hay alguien que ha sido paralítico de la cintura para abajo durante años', no mencionó el lugar, y ese era mi caso, llevaba siete años y medio. Ella dijo: "Esa persona sentirá una sensación cálida que recorre su cuerpo y será sanada".

Yo dije: "Oh, Dios, permite que sea yo". Creí que era yo, pero nada sucedió. No obstante, seguí orando porque me di cuenta de inmediato que si no era para mí, debió haber sido para otra persona.

> **...de repente una sensación como si fuera electricidad corrió desde mi espina dorsal hasta la punta de mis pies y mis pies comenzaron a saltar a 40 pulgadas simultáneamente.**

Esa misma noche, cerca de las diez en punto, yo estaba acostado en la cama leyendo mi Biblia, cuando de repente una sensación como si fuera electricidad corrió desde mi espina dorsal hasta la punta de mis pies y mis pies comenzaron a levantarse a [poco más de 1 metro] 40 pulgadas simultáneamente.

Cuando la gente está paralizada tienen movimientos reflejos involuntarios y yo pensé que era eso. Algunos eran más fuertes que otros pero yo no podía explicar la descarga eléctrica. Por fin los movimientos se detuvieron y me quedé dormido.

A la mañana siguiente cuando me desperté comencé a ayudar a mis piernas como hacía normalmente para sacarlas de la cama. Al tocar la piernas ¡de pronto me di cuenta de que tenía sensación en ellas! Yo pensé: *Espera. ¡Esto no es normal!* Comencé a tocar los lugares donde había perdido la sensación hacía años. ¡Tenía sensación en ellos!

Yo grité:

—Sheila, por amor de Dios, ¡ven acá! ¡Puedo sentir!

—Tonterías —dijo ella—. Acuéstate. —Tomó una aguja y comenzó a pincharme—. Cierra los ojos. ¿Dónde te estoy pinchando?

Y siguió pinchándome en lugares diferentes. Cada vez que pinchaba mis piernas, yo le decía el lugar correcto. Entonces ella comenzó a compartir mi emoción.

Enseguida fui al dispensario de nuestra moshav para ver al médico. Me puse los zapatos especiales porque no sabía exactamente lo que me había pasado y, luego de siete años y medio de parálisis, mis piernas no tenían músculos. Cuando el médico de nuestra moshav también se quedó asombrado, me di cuenta de que había ocurrido un verdadero milagro.

Cuando el médico de nuestra moshav también se quedó asombrado, me di cuenta de que había ocurrido un verdadero milagro.

El médico de la moshav me mandó a un hospital para que me hicieran un examen eléctrico de mis reflejos. Esa prueba me la habían hecho antes muchas veces y, por supuesto, siempre daba negativa. En esa ocasión mis reflejos respondieron a la prueba a la perfección. El médico que hizo la prueba preguntó si podría regresar a la semana siguiente.

Una semana después me reuní con unos 25 médicos, neurocirujanos y neurólogos de todo el país, entre ellos el neurocirujano que me había operado. Todos me examinaron, pero ni uno pudo dar una explicación lógica a lo que había sucedido. Decían que no era posible. Algunos hasta pensaban que yo estaba mintiendo al decir que las radiografías viejas eran mías. Incluso en la actualidad, los médicos que las examinan no pueden creer que yo esté caminando.

Al final del examen me dijeron: "Esto es un milagro médico". Yo les dije: "Miren, esto no es un milagro médico. Esto es *Yeshúa* (Jesús)".

Alguien preguntó: "¿Qué Yeshúa?". Yeshúa es un nombre muy común en Israel, así que pensó que tal vez Yeshúa era mi fisioterapeuta o un amigo.

> ## Yo les dije: "Miren, esto no es un milagro médico. Esto es *Yeshúa* (Jesús)".

"Yeshúa el Mesías", les respondí.

Eso era demasiado para aquellos médicos judíos. Ellos no quería oír más nada acerca de este "Jesús".

Ellos se negaban a creer que él pudiera haber tenido algo que ver con mi sanidad. Nosotros sabemos por la Biblia que incluso la gente que vio a Jesús hacer los milagros antes sus propios ojos no creyeron. Algunos incluso lo acusaron de estar poseídos por demonios.

El médico dijo que me quitara el aparato, pero que siguiera utilizando las muletas porque mis piernas eran solo piel y huesos. Y lentamente, lentamente, di mis primeros pasos en siete años y medio. Me arrodillé sobre rodillas que no habían sentido nada desde el accidente y le di gracias a Dios por el milagro que había hecho.

Pero él no había terminado todavía. Los médicos me habían dicho que los músculos de mis piernas estaban muertos y que nunca volverían a crecer. Con el tiempo Dios volvió a crear esos músculos. Hoy mis pies son tan normales como los de cualquier otra persona.

Tienes que irte

Cuando los miembros de la moshav me vieron caminando, no aceptaron que fuera la obra de Yeshúa, como mismo pasó con los médicos. En cambio decidieron creer la conclusión de los médicos, que era un "milagro médico".

No pasó mucho tiempo antes de que se divulgara por la moshav que yo creía en Yeshúa. Los líderes de la moshav me llamaron a su oficina y dijeron: "Lo lamentamos mucho, pero tienes que irte. No aceptamos cristianos en la moshav". Esta moshav está asociada con B'nai B'rith en Nueva York, y les preocupaba que pudieran perder su financiamiento si no me expulsaban.

Yo les dije: "Yo me considero un 'judío mesiánico' y no me voy a ir en silencio. Hay un gran mundo cristiano que está esperando escuchar mi historia".

Como percibieron que la publicidad generada por mi expulsión podría ser peor que si me dejaban quedarme, dijeron que podía quedarme si prometía no evangelizar en la moshav.

> Yo les dije: "Yo me considero un 'judío mesiánico' y no me voy a ir en silencio. Hay un gran mundo cristiano que está esperando escuchar mi historia".

Ese arreglo funcionó hasta mayo de 1988 cuando participé en un evento judío mesiánico importante en Jerusalén llamado "Shavuot '88", en ese momento fue la reunión más grande de judíos creyentes que se celebrara en Israel en casi dos mil años. Al parece cada periódico de habla hebrea en Jerusalén publicó la historia del milagro de mi sanidad.

Cuando regresé a casa luego del evento, los líderes de la moshav dijeron: "Se acabó. Nos prometiste que no evangelizarías.

Ahora tu foto está en todos los periódicos. B'nai B'rith va a dejar de enviarnos dinero. Tienes que irte".

Nos expulsaron por votación en una reunión general y nos dieron diez días para marcharnos. Nadie de la moshav, donde habíamos vivido durante 16 años vino ni siquiera a ayudarnos a empacar nuestras pertenencias.

Si Dios no hubiera provisto un camino, hubiéramos quedado en la calle sin dinero. ¡Pero servimos a un Dios viviente! En la reunión alguien me había dado un sobre. ¡Cuando lo abrí no podía creer lo que veía! Adentro había una beca y los pasajes de avión para asistir a un instituto bíblico en Dallas, Texas.

Mi esposa y yo nos graduamos en mayo de 1989 y seguimos la dirección del Señor a Seattle, donde vivimos en la actualidad. Hace más de una década que fui sanado y mi fe crece más cada día. ¡Pronto regresaremos a Israel y proclamaremos las buenas nuevas sobre el verdadero Mesías que salva y sana!

Comentario de Sid Roth

Yo leía en la Torah que Dios sana a las personas pero en 30 años de asistir a una sinagoga tradicional nunca vi a nadie ser sanado. En la televisión yo veía a los "sanadores de fe" y pensaban que eran todos unos farsantes. Pero uno no puede tener algo falso a menos que exista lo real. El Talmud, así como el Nuevo Testamento registran sanidades que ocurrieron cuando los judíos creyentes en Jesús oraron a Dios. El Talmud también advierte a los judíos tradicionales que no dejen que los judíos mesiánicos (judíos que creen en Jesús) oren por ellos (Tosefta Chullin, Capítulo 2:22-23).

¡Esto es un elogio con doble intención! Estos rabinos reconocían que los seguidores judíos de Jesús tenían poder para sanar en su nombre. Y una vez que uno experimenta sanidad en su nombre, puede que crea en Él. Isaías 53:4-5 nos dice que el Mesías llevaría todas nuestras enfermedades.

Ciertamente llevó él nuestras enfermedades, y sufrió nuestros dolores; y nosotros le tuvimos por azotado, por herido de Dios y abatido. Mas él herido fue por nuestras rebeliones, molido por nuestros pecados; el castigo de nuestra paz fue sobre él, y por su llaga fuimos nosotros curados.

Los primeros judíos mesiánicos, incluso los nuevos creyentes, experimentaron milagros de sanidad en su nombre. Y ya que Él no cambia, yo también he visto muchos judíos sanados en el nombre de Jesús. Mi propia madre, antes de convertirse en judía mesiánica, fue sanada en su nombre.

Capítulo 2
por Barry Minkow

Capítulo 2

ZZZZ Best

Yo tenía 21 años y lo tenía todo, o eso parecía. Por fuera había logrado el tipo de éxito con que la mayoría de la gente solo sueña. ZZZZ Best, la empresa de limpiar alfombras que había comenzado cuando solo tenía 16 años, ahora valía $280 millones. Tenía una casa de 5,000 pies cuadraros en una comunidad exclusiva. Manejaba un Ferrari. Vivía con una mujer hermosa y salía con otras extraoficialmente. ¡Lo había logrado!

Sin embargo, cuando llegué a la fiesta por mi cumpleaños número 21, las dudas y las inseguridades me asediaban. Cada vez que celebraba un cumpleaños me preocupaba que "el chico maravilla" pronto pasara de moda, me volviera irreconocible, como el atleta que de repente se ve eclipsado por alguna nueva estrella más joven. A los 21 años sentía que estaba envejeciendo.

Lo peor de todo, yo era un fraude, algo que escondía muy

bien de mis amigos. Ellos no sabían que mi empresa se había fundado sobre la mentira y el engaño.

A los 21 años sentía que estaba envejeciendo.

Bajé las escaleras con sentimientos mezclados, bajé las escaleras de mi casa y encontré una muchedumbre que había venido a felicitarme. Todos me querían. ¿De verdad? Entré a una habitación y vi a los contadores y abogados que representaban a ZZZZ Best, y yo pensé para mis adentros: *Están aquí porque llevan los libros de mi empresa. Me pregunto si realmente les caigo bien.* Pasé a la otra habitación donde había un grupo de inversionistas y pensé: *¿Realmente les caigo bien o están aquí porque están sacando una buena ganancia a su dinero en este momento?* Entonces salí afuera y saludé a unos pocos de los mafiosos con quienes estaba involucrado. Yo sabía por qué estaban ahí, estaban haciendo dinero.

Cuando regresé a la casa estaba completamente deprimido. No sabía a quién le importaba realmente, por quién yo era y no por lo que podía darles. Entré a la cocina y vi a mi mejor amigo y a mi novia. Mi novia llevaba un enorme anillo de diamantes que yo le había comprado. Acababa de regalarle a mi amigo $10,000 dólares.

Yo me había comprado el camino a la cima, había comprado mis aliados. No sabía si tenía un amigo en el mundo. Fue el momento más solitario de mi vida. Había experimentado lo que yo pensaba que produciría la mayor satisfacción: dinero, poder y fama, para al final descubrir que mi vida estaba en una total bancarrota.

Arreglos tempranos

Mi vida de engaño comenzó a la tierna edad de nueve años. Para mí las metas eran muy importantes, incluso a tan temprana edad. Yo quería ser el mejor vendiendo suscripciones de periódicos. Y lo fui.

¿Cómo lo hice? Al decirle al cliente cualquier cosa que quisiera escuchar con tal de ganar la venta. El cliente podría decir: "Acabo de cancelar mi suscripción porque siempre encontraba el periódico junto a la cera o debajo de mi auto". Y para ganar la venta yo le prometía una entrega en la puerta con una garantía de reembolso. Eso era algo que se nos decía que *no* prometiéramos, pero yo quería ser el mejor. Tenía una sed de reconocimiento.

Cuando la gente decía que yo era el mejor, un héroe incluso en este pequeño contexto, era como una droga en mis venas. Una vez que probé el reconocimiento, me volví adicto. Haría lo que fuera necesario para lograr esa misma sensación una y otra vez.

Un día, ya entrada la tarde, yo estaba dos ventas por debajo de otro chico que trabajaba del otro lado de la calle. Solo me quedaba una cuadra, y estaba decidido a ganarle. Rápidamente vendí dos suscripciones, pero en breve llegué a la última casa. Cuando me di cuenta de que no había nadie, me sentí desesperado.

De ninguna manera yo iba a perder. En una oleada de inspiración, inventé un nombre y un número telefónico y firmé un pedido de suscripción falso, lo cual me puso en la cima. La euforia de ser otra vez el mejor disipó cualquier temor que tuviera de que me descubrieran.

> **La euforia de ser otra vez el mejor disipó cualquier temor que tuviera de que me descubrieran.**

Pero sí me descubrieron. El gerente me llamó y fue muy gentil al respecto. Me dijo: "Mira, yo sé lo que hiciste y está bien. Aún así quiero que trabajes para mí porque creo que eres un gran vendedor, pero realmente no puedo darme el lujo de que inventes clientes". Cada vez que ganábamos un cliente, el periódico nos daba un dólar. Él me dijo: "Mira, si tanto necesitas el dinero, yo te doy el dólar". Él no quería perderme porque a pesar de todos los problemas, mis ventas seguían siendo lo suficientemente buenas como para justificar que me quedara. Me dijo: "Solo juega limpio conmigo".

Yo lo negué y le dije: "Renuncio. No quiero saber más nada". A una edad tan temprana yo no quería reconocerlo. A pesar de que sabía que era culpable, negué la acusación por la vergüenza que podría causarnos a mi familia y a mí. Después de colgar el teléfono dije: "Mamá, no voy trabajar más ahí. Creo que tengo que concentrarme más en la escuela". Mi decisión no tuvo ninguna otra repercusión porque el gerente dejó el asunto ahí. Nunca llamó a mis padres. La ausencia de consecuencias afianzó la conducta. Después comencé a levantar pesas y a abusar de los esteroides. Los efectos dañinos de los esteroides en mi cuerpo no me preocupaban, solo me preocupaba la satisfacción que me producirían en el momento.

Lo mismo pasaba con los negocios. No me importaba a quién tuviera que pisar para llegar a la cima. Yo quería vivir para el ahora. Yo quería un Ferrari ahora. No me importaba si tenía que mentir para conseguirlo.

Mamá acepta a Jesús

Sucedió otra cosa cuando yo tenía nueve años que moldearía mi vida posteriormente de una manera diferente por completo. Para vergüenza de mi familia judía, mi madre se convirtió en seguidora de Jesús. Yo todavía ni había celebrado mi bar mitzvá. Iba a una escuela hebrea dos veces por semana. Mis dos hermanas y yo estábamos muy involucrados en el templo.

Mamá llegó a casa una noche y anunció: "He aceptado a Cristo como mi Señor y Salvador". La primera reacción de mi padre fue el divorcio, pero no lo hizo. La madre de mi madre, el padre de mi padre, todo el mundo en la familia, incluyéndome a mí, condenamos a mi madre por su traición. Para nosotros cualquiera que siquiera mencionara el nombre de Cristo era un traidor a su alianza con Dios y había cometido un pecado imperdonable.

Realmente era una traición porque por ambos lados de la familia teníamos raíces judías desde que teníamos memoria o pudiéramos documentar. No conocíamos ninguna explicación lógica que justificara que mi madre aceptara a Jesús.

Mi papá solo quería saber una cosa: ¿qué podía darle una iglesia a mi mamá que nuestro templo y nuestro rabino no pudieran? La respuesta mi madre fue irrefutable. Ella contestó: "Yo tengo una relación no una religión".

> **Mi papá solo quería saber una cosa: ¿qué podía darle una iglesia a mi mamá que nuestro templo y nuestro rabino no pudieran? La respuesta mi madre fue irrefutable. Ella contestó: "Yo tengo una relación no una religión".**

Desde joven las metas siempre habían sido muy importantes para mi madre, ella siempre sentía que tenía que obtener resultados. Sus adinerados padres exigían continuamente resultados, resultados y resultados.

En el judaísmo ella encontró las mismas presiones para obtener resultados. Tenía que guardar los Mandamientos y las 613 leyes levíticas porque Dios, el justo supervisor de la disciplina nos mira y espera que obtengamos resultados. Lo que mi madre encontró a través del Mesías fue un Dios que la aceptaba como era, con errores y todos. Él no le exigía resultados, sino que más bien le daba gracia y misericordia, conceptos que eran ajenos para ella en el judaísmo. Gracia porque Dios le daba algo que ella no merecía. Y misericordia porque Dios estaba negándole lo que ella sí se merecía. Esas dos palabras transformaron su vida. Ya no tenía que lograr resultados, resultados y más resultados, luchar para cumplir con todos los requisitos de la ley. En cambio, la ley fue cumplida por ella en la persona y la obra de Jesús el Mesías, lo que le dio a su vida un significado completamente nuevo.

> **...la ley fue cumplida por ella en la persona y la obra de Jesús el Mesías, lo que le dio a su vida un significado completamente nuevo.**

Papá le prohibió a mamá que les testificara a los hijos. Como una creyente en el Mesías, ella quería ser obediente a su esposo, así que accedió. Pero su estilo de vida cambió. Ya no estaba en una bancarrota emocional. Después de aceptar a Jesús ella trataba al resto de la familia con más paciencia y amor. Fue un cambio radical. Ella predicaba todo el tiempo y nunca usó palabras.

Empresario de dieciséis años

Yo tenía 16 años cuando comencé ZZZZ Best en el garaje de mis padres. Mi intención original nunca fue estafar a Wall Street. A los 16 años yo solo quería que me reconocieran en la escuela. No era el mejor atleta, y no era extremadamente bien parecido. Muchas personas en nuestras escuelas secundarias no son animadores deportivos estelares, ni jugadores de fútbol estelares. Se quedan atrapados en el medio buscando aceptación. Ese era yo. Hoy día uno ve a los muchachos tratando de ganar aceptación mediante la promiscuidad sexual, el alcohol y las drogas. Yo traté de ganar aceptación al hacer algo que nadie más había hecho.

Comencé con un presupuesto muy reducido, trabajaba cuando salía de la escuela y los fines de semana. Contraté personal para que hiciera los trabajos de limpieza mientras yo estaba en la escuela. Contraté a mi madre y a otra señora para que hicieran las citas. Mientras todo el mundo estaba preocupado por la prueba de álgebra del viernes, yo estaba preocupado por cómo pagaría a los empleados de la nómina.

Fue un gran desafío pero me dio reconocimiento. Enseguida salí en los periódicos y en la televisión. Fui la primera persona que se supiera que había comenzado un negocio a edad tan temprana. Para garantizar que mi empresa y yo tuviéramos mayor publicidad, nuevamente recurrí al engaño. Con la voz cambiada llamé a un canal de televisión y dije que era un cliente de ZZZZ Best. Hablé y hablé de un chico de 16 años que era dueño de su propia empresa y que me había limpiado las alfombras entre sus clases de álgebra y español. Sugería que el canal hiciera un reportaje sobre aquel joven empresario. Poco después recibí una llamada de la estación para programar una entrevista.

Cuando salió el reportaje por la televisión me volví adicto al reconocimiento, otra vez. Me sentía tan bien cada vez que me reconocían que eso aliviaba el dolor de la culpa por las cosas malas que estaba haciendo para que la empresa siguiera funcionando. Ya que yo no era lo suficientemente mayor como para tener una cuenta corriente, hice un trato con el dueño de una tienda de bebidas alcohólicas quien cambiaba los cheques de mis clientes y los convertía en giros postales para que yo pudiera pagar mis cuentas. El dueño había sido buen amigo mío desde que yo era un niño pequeño. Confiaba en mí.

Un día, cuando no tenía dinero suficiente para pagar la nómina, yo debí haber dicho: "Mejor me rindo mientras pueda. Lo intenté pero debo cerrar la empresa". En cambio, le robé algunos giros postales a mi amigo. Era demasiado adicto a la publicidad y el reconocimiento como para permitir que la falta de fondos se interpusiera en mi camino.

> **Era demasiado adicto
> a la publicidad y el
> reconocimiento como para
> permitir que la falta de fondos
> se interpusiera en mi camino.**

Aunque estaba robando, simple y llanamente, en mi mente yo racionalizaba que era por una buena causa y que devolvería el dinero. Años después cuando mentí a los bancos para garantizar préstamos multimillonarios, volvía a racionalizar que yo les devolvería el dinero y nadie saldría perjudicado. Era por una buena causa, no iba a tomar el dinero y huir a Europa. Lo repondría y dejaría de comportarme así, me prometía a mí mismo.

Mentiras y más mentiras

Un día le robé unas joyas a mi abuela para poder pagar la nómina. Ella había venido a nuestra casa, se dio cuenta de que olvidó algo y me pidió si podía regresar a su casa y buscarlo. Mientras estaba allí, fui a su joyero y tomé una joya. Me dieron $300 dólares por ella en un lugar de empeños y deposité el dinero en mi cuenta para poder pagar la nómina esa semana. Mi abuela sabía que era yo. Al principio lo negué. Pero ella había visto la joya antes de irse. Incluso pensó en ponérsela. Cuando regresó, ya no estaba. La única persona que había estado en su apartamento era yo. No obstante, lo negué.

Más adelante, sin embargo, confesé, le devolví el dinero que ella decía que valía y le pedí disculpas. Me sentí muy mal porque mi abuela me había ayudado financieramente con el negocio.

Aunque mi madre me perdonó, todo el incidente demostraba cuán bajo yo había caído. Lo que hubiera sido inconcebible cuando comencé el negocio ahora era un procedimiento normal.

Transigir es algo sutil. Se le va metiendo a uno sigilosamente y entonces, cuando las consecuencias de las acciones no son inmediatas, uno transige más. Lo que empieza por decir mentiras en la declaración de impuestos termina con mentiras en préstamos multimillonarios. Ese es el patrón. Lentamente el transigir lleva a la destrucción.

> **Transigir es algo sutil.**
> **Se le va metiendo a uno**
> **sigilosamente y entonces,**
> **cuando las consecuencias**
> **de las acciones no son**
> **inmediatas, uno transige más.**

Hasta fingí robos. Cuando la nómina volvió a ponerse difícil, me cansé de las soluciones temporales; yo quería algo grande. Preparé un supuesto robo en mi oficina, llamé a la empresa de seguros y les dije: "Me acaban de robar. Me llevaron todos los equipos". Después de presentar un informe policial como era debido, recibí un cheque para reemplazar los equipos "robados".

Hice eso dos o tres veces con diferentes compañías de seguro, inventaba robos en diferentes tiendas, otro avance de la transigencia.

Mediante estas diversas actividades reuní dinero suficiente como para abrir tiendas nuevas y contratar empleados nuevos. Estaba convencido de que yo tenía una causa justa, pero lo que estaba haciendo no tenía excusas. Aunque yo lo disfrazaba de manera justificable, no era más que robo y atraco.

El crimen organizado

Mi tío, un promotor inmobiliario, me pidió un día que reparara las alfombras de una cuenta en particular. Me dijo: "Barry, antes de que vayas a hacer el trabajo quiero que sepas que el tipo es un mafioso de verdad. Ten cuidado".

En lugar de asustarme en lo único que pensaba yo, un joven que luchaba en los negocios, era: *Yo sé lo que hace la mafia. Le dan préstamos con intereses altos a gente como yo.* Yo vi el trabajo como una oportunidad de ganar dinero para mi empresa. No estaba preocupado porque, hasta ese momento, siempre había buscado la manera de pagar mis préstamos. Además estaba convencido de que puesto que era joven y en los medios, tendría un período de gracia extra con la mafia o con quien fuera que me prestara el dinero.

Entablé voluntariamente, con los ojos abiertos, una relación con esta persona en particular. Le hablé de mis dificultades financieras y él me consiguió unos préstamos con un interés muy alto. Yo tomaba prestado, devolvía, tomaba prestado, devolvía. Me involucré más con algunas otras personas pero fue siempre voluntariamente.

Nunca me amenazaron ni me hicieron daño para que tuviera que hacer lo que hice. Mientras pagara las cuentas todo estaba bien.

> **El fraude nunca es un fin en sí mismo; siempre es un medio para obtener alguna especie de fin.**

El fraude nunca es un fin en sí mismo; siempre es un medio para obtener alguna especie de fin. Lo que yo quería hacer era obtener esa gran cantidad de dinero. Cuando mi compañía llegó a cierto tamaño, yo quería lanzarme a Wall Street para obtener dinero suficiente en acciones para pagar a los mafiosos y a todos los demás y dejar todo limpio.

¿Cuánto cuesta Dios?

En la cima del éxito mi madre se me acercó un día y me preguntó:

—¿Todo ese dinero podrá comprarte un pasaje para el cielo? ¿Y Dios?

Sin pensarlo dos veces le respondí:

—¿Cuánto cuesta Dios? Yo lo compro.

Mi madre, asolada, se fue de mi oficina decidida a orar por la desaparición de ZZZZ Best, a pesar de que tanto ella como mi padre trabajaban para mí. A ella no le importaba su trabajo. Quería que la compañía fracasara porque se daba cuenta de que era la piedra de tropiezo entre una verdadera relación con Jesús y yo.

En menos de un año la compañía se derrumbó.

Proyectos ficticios y precios de bolsa inflados

Aunque ZZZZ Best en su mejor momento tenía unos 1,300 empleados en 23 lugares diferentes que limpiaban alfombras, muebles y cortinas, la parte de restauración del negocio era ficticia. Yo afirmaba que hacíamos restauraciones multimillonarias a edificios que habían sido dañados por incendios o por agua. Pero no había tal cosa.

Estos contratos eran mi manera de recaudar dinero. Yo llevaba los proyectos a inversionistas y les decía: "Si me prestan $100,000 dólares, podré terminar este trabajo. Le dará $30,000 de interés a su dinero en un período de 90 días y ustedes recuperarán el préstamos más una buena suma de $30,000 en tres meses". Por supuesto, el dinero que yo conseguía era para pagar a los inversionistas del "proyecto" anterior y para mantener a flote la compañía, no para restaurar edificios.

Además de crear flujo de fondos, los proyectos de restauración también aumentaban mi estado de ingresos y gasto lo que al final llevaba a un ascenso en el valor de mis acciones. A medida que estos "trabajos" comenzaron a aumentar, hicieron que ZZZZ Best pareciera 10 veces mayor de lo que era en realidad.

Las mejores acciones de ZZZZ Best se comercializaban a tanto como $18 dólares por acción en marzo y abril de 1987, lo que hacía que en papeles yo valiera más de $120 millones de dólares. En varios meses podría vender algunas de mis propias acciones restringidas, yo planeaba vender un millón de acciones, obtener $18 millones en patrimonio neto y liquidarlo todo. Mientras tanto estábamos haciendo arreglos para comprar Key Serv, que era la compañía limpiadora de alfombras autorizada para trabajar en Sears en todo el país. Si el negocio de $40 millones se hubiera dado, habríamos tenido los derechos de Sears y una compañía de talla nacional.

El colapso

Justo antes de que el trato se cerrara, el periódico *Los Angeles Times* publicó un artículo sobre un fraude de tarjetas de crédito en el que yo había estado involucrado dos o tres años antes. Al principio yo pensé que mientras nadie descubriera el fraude mayor, los proyectos de restauración, podía buscar una manera de calmar la publicidad negativa. Pero el artículo hizo que los que estaban a cargo del financiamiento del negocio de Key Serv analizaran mejor mi compañía. En lugar de considerarme inocente hasta que se probara lo contrario, ahora tenían motivos para considerarme culpable. Y cuando comenzaron a indagar descubrieron que ZZZZ Best no era más que una facha.

La historia comenzó el 22 de mayo de 1987. Ese día quedará grabado en mi memoria para siempre. Las acciones de ZZZZ Best cayeron cinco puntos. Yo perdí a nivel personal $6 millones por cada punto que decayeron las acciones. Todo el mundo y todos los bancos me demandaban el pago de sus préstamos. Me congelaron las cuentas. Yo tenía 1,300 empleados que dependían de mí. El negocio por valor de $40 millones por el tanto había trabajado, estaba a punto de ser cancelado. Estaba perdiéndolo todo mientras que casi cinco años de trabajo de desmoronaban bajo mis pies.

> **Estaba perdiéndolo todo mientras que casi cinco años de trabajo de desmoronaban bajo mis pies.**

Los medios de comunicación, a quienes normalmente yo podía persuadir tan bien, rodeaban mi ofician y me hacían preguntas que yo no podía responder. Luego de hacer un pronunciamiento con respecto a las acusaciones sobre las tarjetas de crédito, mi miedo más grande se hizo realidad. Un reportero dijo: "Sabemos que usted dijo que realizó un trabajo de restauración en Sacramento por valor de $7 millones". Alguien había ido a Sacramento para chequear. Él continuó: "Descubrimos que no hubo tal trabajo. ¿Qué puede decir de eso?"

Entonces supe que todo había terminado. Lo sabía dentro de mí a pesar de que no quería reconocerlo. Luché como un loco para tratar de salvar las cosas y persuadí a la gente para salvar el negocio, pero el fracaso era inevitable.

Si el negocio se hubiera dado, yo hubiera ganado aquel capital. Desde el punto de vista del fraude, hubiera tenido las cosas cubiertas, pero creo que solo hubiera sido cuestión de tiempo antes de que cometiera fraude otra vez porque mi corazón no había cambiado.

Culpable y solitario

En julio de 1987, poco después de haber renunciado a la compañía en la ignominia, la prensa rodeó la casa de mis padres. El periódico *USA Today* y todos los medios noticiosos locales estaban allí para cubrir la historia. Este joven empresario, el más joven en la historia de los Estados Unidos que hubiera comenzado una empresa pública, era un fracaso. Fui a ver a mi madre para explicarle que ya no tenía trabajo. Como es lógico, ella ya lo sabía. Me dijo que ella había orado por la desaparición de ZZZZ Best desde el día en que yo había ofrecido "comprar" a Dios. Dijo que me amaba y que la oferta de la gracia y el perdón de Dios esperaba por mí en la persona y la obra de Jesús. Entonces dijo: "Yo sé que no quieres hablar conmigo de muchas de las cosas que hiciste porque es incómodo para una madre y un hijo. Mi querida amiga Dottie ama al Señor y me encantaría que fueras a hablar con ella".

Lo primero que pensé fue, *a mí no me hace falta nada de eso de Jesús*. Pero Dottie era una vieja amiga y yo me sentía culpable y solo. Quería alguien con quien hablar, alguien con quien pudiera ser completamente honesto. Al final accedí.

> **"Solo tengo una pregunta para ti. ¿Funcionó? ¿Todo ese dinero, poder, prestigio y fama produjeron algún significado, satisfacción o paz duraderos en tu vida?"**

Cuando fui a ver a Dottie ella me dijo: "Barry, no voy a predicarte. No voy a decirte lo que dicen tal o mas cual versículo. Yo solo tengo una pregunta para ti. ¿Funcionó? ¿Todo ese dinero, poder, prestigio y fama produjeron algún significado, satisfacción o paz duraderos en tu vida?".

Pensé en mi vida arruinada y le contesté: "No, no funcionó".

Ella me dijo: "Tengo la solución para ti. Es la persona y la obra de Jesús, el Mesías. Él va a ofrecerte perdón completo ahora mismo, y libertad de la culpa. Incluso te dará la fortaleza para soportar las consecuencias de tus acciones".

Ella señaló otras dos ideas clave: "Una vez que sacas la pasta dental del tubo no puedes volverla a meter", queriéndome decir que yo no podía cambiar lo que había hecho con ZZZZ Best. "Pero, nunca es demasiado tarde para empezar a hacer lo correcto", me dijo ella.

> **"Pero, nunca es demasiado tarde para empezar a hacer lo correcto", me dijo ella.**

Ese consejo me afectó profundamente. La ironía de todo el escándalo de ZZZZ Best es que fui yo quien al final fue timado al creer que llegar a la cima, a costa de mi integridad y carácter, de alguna manera traería paz, significado y satisfacción a mi vida. Me creí la mentira de que estaba bien pasar por encima de quien fuera con tal de llegar a la cima porque eso me produciría felicidad. En cambio me produjo una vida sin significado.

Una semana después caminaba por la playa. Los artículos noticiosos me bombardeaban día tras día y decían que pasaría el resto de mi vida en la cárcel. Mientras caminaba solo aquella noche lloré y le pedí a Jesús que me perdonara y que fuera mi Señor y Salvador. Aunque mi oración era sincera, en el fondo yo pensaba: *Tal vez este sea mi último gran engaño. Aceptaré a Jesús y esperemos que salga con una sentencia suave.*

Las viejas costumbres no se pierden fácilmente

Poco después de esa experiencia hice una entrevista en el programa *60 Minutes* [60 minutos] por consejo de mi abogado. Yo no tenía intenciones de decir la verdad, pero lo vi como una oportunidad de probar mi "inocencia". Fue horrible. Diane Sawyer estaba bien preparada.

—¿Es verdad, o no, señor Minkow, que usted está involucrado con el crimen organizado? —dijo ella.

—No, no es verdad —le dije yo.

—Bueno, ¿cómo explica usted este papel?

Y presentó el acta constitutiva de una empresa que tenía mi nombre como presidente y como vicepresidente, uno de los mafiosos. Yo dije que alguien había falsificado mi firma.

A pesar de que Jesús me había perdonado, tuvo que pasar un tiempo para que el Espíritu Santo realmente transformara mi vida, poco a poco. Sin embargo, de repente empecé a ver que no podía mentir como antes. Mi conciencia comenzó a molestarme más de lo que solía hacerlo.

Justo después de la entrevista en *60 Minutes* terminé en el hospital con neumonía y enfrentando cargos que podrían buscarme hasta 270 años en la cárcel. John Orr, uno de los agentes del FBI me llamó. Él llevaba seis meses investigándome y estaba a punto de encausarme, pero quería saber si yo estaba bien porque sabía que yo abusaba de los esteroides y ese era el motivo de la neumonía. Él dijo: "Tengo que guardar la distancia profesional contigo, pero no es nada personal. Hiciste cosas malas y vamos a encausarte por ellas. Pero no queremos que te mueras".

> **Aquello realmente me conmovió, y ahí mismo oré y le pedí al Señor una segunda oportunidad y le pedí perdón.**

Aquello realmente me conmovió, y ahí mismo oré y le pedí al Señor una segunda oportunidad y le pedí perdón.

Condena, sentencia, cárcel

A finales de 1988 me declararon culpable de todos los cargos por fraude. La sentencia: 26 años y $26 millones. Todo el mundo estaba allí viendo a Barry recibir lo que se merecía. Ese fue probablemente el momento más vergonzoso de mi vida. La habitación estaba llena de medios de comunicación e incluso de las víctimas del delito.

Yo le había dicho a mi madre que no viniera, pero ella insistió. Después de que se anunciara la sentencia, hubo un alboroto en la sala y los reporteros corrían a sus teléfonos para contar sus historias. Vinieron los oficiales y trataron de llevarme otra vez a mi celda de espera pero me detuvo mientras salía de la sala y me volví para mirar a mi madre, para ver si estaba llorando y si estaba perturbada. Tenía que saberlo. Ella me miró a los ojos juntó las manos, se las puso sobre la cara y las alzó mientras sonreía. Sus acciones hablaron claramente: Jesús tiene el control, no estoy preocupada en lo más mínimo.

Esa imagen me dio la fuerza no solo para cumplir con mi tiempo en la prisión sino para salir de allí de una manera diferente a la que entré.

Cumplí un poco más de siete años en la cárcel.

A veces me preguntaba si mi profesión de fe era solo "religión de prisión" u otro engaño. Cuando yo estaba en la cárcel les escribí a todas mis víctimas y les dije que quería devolverles lo que les había robado. Muchos dijeron: "Vamos a ver qué dices cuando salgas y no tengas que usarnos para salir de la cárcel".

Nunca olvidaré en 1989, después de haber estado en la cárcel por dos años, fui bautizado en una bañadera por el pastor de allí junto con tres testigos que vinieron de fuera. Cuando terminé estaba parado allí, empapado en agua. Antes de darme una toalla, el pastor preguntó: "¿Tienes algo que decir?".

> "Señor, ¿por favor puedes hacer que esto sea real? Porque he sido un mentiroso y un estafador toda mi vida. Ni tan siquiera sé si ahora mismo estoy mintiendo y engañando. Solo te pido que si Jesús existe, que mi experiencia sea real".

Después los testigos dijeron que mi respuesta tuvo un impacto en sus vidas. Yo dije: "Señor, ¿por favor puedes hacer que esto sea real? Porque he sido un mentiroso y un estafador toda mi vida. Ni tan siquiera sé si ahora mismo estoy mintiendo y engañando. Solo te pido que si Jesús existe, que mi experiencia sea real".

En menos de cinco años terminé mi licenciatura y mi maestría en teología sistemática y me convertí en presidente de la Fellowship of Christian Athletes [Fraternidad de atletas cristianos] de la instalación. El Señor había respondido a mi oración e hizo que Jesús fuera una realidad en mi vida.

El regreso

Salí de la cárcel en diciembre de 1994. En un sentido legal, no tengo que hacer nada para compensar a mis víctimas. Yo podría buscarme un trabajo normal y pagar una cantidad mínima cada año. Pero estoy canalizando todo mi tiempo y energía en medios legítimos para tratar de compensarles. Todas las ganancias de mi libro acerca de mis experiencias serán para las víctimas. Cuando doy seminarios acerca de la prevención del fraude, una gran cantidad de lo que gano es para ellos.

Algunas de las víctimas se han convertido en mis mejores amigos. Los mismos agentes del FBI que me metieron en la cárcel me pidieron que hablaran en un seminario de su banco. Estas personas eran mis mayores críticos y escépticos.

El mayor engaño en la vida es creer que no hay eternidad, que Jesús no existe. Pero Jesús sí existe. Él es el único que se levantó de los muertos, regresó y comprobó que existe una eternidad que puede ganarse o perderse. Aceptar a Jesús por fe transformará su vida de tal manera como usted nunca pensó posible.

Comentario de Sid Roth

Yo era una persona bastante buena. Al fin y al cabo, nunca robé a ningún banco ni maté a nadie. Es decir, en comparación con la mayoría de las personas, yo era bueno ¿o no?

Dios dice: "No hay quien haga el bien" (Salmo 14:1). Por eso nos dio los Diez Mandamientos. Estos nos permiten evaluar nuestra bondad según las normas de Dios.

Es pecado tener relaciones sexuales fuera del matrimonio. Es pecado decir mentiras, aunque sean "piadosas". Es pecado codiciar. Yo solía codiciar las esposas de mis amigos, su dinero y sus trabajos. Es pecado robar. Yo hacía trampa en mis cuentas de gastos. No había honrado ni a mi madre ni a mi padre. Y sin dudas valoraba más al dios "yo" que al Dios de la creación. Algunos ponen el trabajo, el dinero, los deportes o el sexo por encima de Dios. Él dice que eso es idolatría. Según los estándares de la Torá, incluso un solo pecado nos separará de Dios para siempre. Todos estaremos delante de Dios en el día del juicio final. Todos somos culpables de pecado. Todos merecemos castigo.

Nuestra única salvación es la misericordia de Dios según su ley. En la época del templo, Dios aceptaba la sangre de corderos inocentes como pago por nuestro pecado. Hoy, la ley de Dios requiere la sangre de Jesús. Gracias a Dios mis pecados son perdonados. Me he arrepentido. Y por la sangre del Mesías no tengo que enfrentar la ira de Dios.

Capítulo 3
por Rose Price

Capítulo 3

La sobreviviente

Soy una sobreviviente del Holocausto de Hitler. Mi familia, que vivía en una ciudad pequeña de Polonia, era cálida y cariñosa. Nos cuidábamos unos a otros. Mis familiares vivían muy cerca unos de otros, así que si llovía y uno se escondía en la casa más cercana, siempre estaba en la casa de un primo, una tía o un tío.

Mi crianza fue muy ortodoxa. Mi madre me inculcó que el judaísmo era la vida. Yo nunca supe la diferencia entre un día festivo de gran importancia y otro de menor importancia. Un día festivo era un día festivo. Incluso cada *Shabbat* (sábado) se celebraba como un día festivo.

Mi madre y mi abuela comenzaban a prepararse para el sábado desde el miércoles, horneaban *challa* (pan). El viernes preparaban el pescado y la sopa de pollo y hacían los fideos.

En la tarde le llevábamos el *cholent*, un plato que se preparaba con carne, vegetales y papas, al panadero para que lo cocinara.

Nos dábamos baños especiales y nos poníamos nuestra ropa mejor. Se ponía la mesa con un bello mantel de hilo blanco y cualquier accesorio de plata que tuviéramos.

La cena era un tiempo para la familia. Los viernes por la noche comíamos pescado. Mi padre regresaba a la casa de la sinagoga y recitaba el *Kiddish*, una bendición para el vino y el *challa*; entonces bendecía a los hijos.

El sábado por la mañana íbamos a la sinagoga. Después de los servicios parábamos en la panadería y traíamos a casa el cholent. Nos sentábamos todos a la mesa de la abuela y disfrutábamos la comida del sábado.

El horror nazi

Cuando Hitler ocupó el poder, el cambio vino rápidamente. Los alemanes invadieron en septiembre de 1939. Un día en la escuela, poco después de la invasión, todos los alumnos judíos fuimos llamados al frente del aula. Con un guardia parado cerca, nuestra maestra nos dijo: "No regresen más a la escuela porque ustedes son judíos". Yo tenía diez años y medio. Todos estábamos completamente devastados.

Lo próximo que hicieron los alemanes fue sacarnos de nuestra casa y obligarnos a vivir en un ghetto. Tomaron toda la ciudad judía y nos pusieron en una sola calle.

Mi hermana, que es dos años mayor, y yo, estuvimos entre las primeras en ser echadas. Íbamos de camino a visitar a nuestra abuela cuando los alemanes nos agarraron y nos pusieron a trabajar en la fábrica de municiones.

Fue horrible porque pasamos de una casa cálida a condiciones de congelación, y de una familia amorosa, que nos abrazaba y nos besaba, a un hombre que constantemente nos golpeaba con un látigo. Durante un tiempo regresábamos con nuestros padres por las noches pero un día, en lugar de regresar a casa nos llevaron al bosque. En ese verano yo había estado en el bosque recogiendo champiñones, moras y frambuesas. Ahora estaba confinada a un campo de concentración en ese mismo bosque.

> **En ese verano yo había estado en el bosque recogiendo champiñones, moras y frambuesas. Ahora estaba confinada a un campo de concentración en ese mismo bosque.**

Es inconcebible lo que esa gente nos hizo. Es casi indescriptible. En las mañanas nos levantaban cuando todavía estaba oscuro. Teníamos que salir afuera, independientemente del estado del tiempo, y alinearnos de cinco en fondo para que ellos nos contaran.

Trabajábamos todo el día en la fábrica. Yo operaba una máquina que estiraba un pedazo de aluminio de un cuarto de pulgada al tamaño de la bala de un rifle. Tenía que engrasarla, llenarla y quitar los cartuchos.

Antes de la invasión mis más grandes responsabilidades eran ir a la escuela, aprender, regresar a la casa, ayudar a mi madre con las tareas del hogar y cuidar a mi hermana más pequeña. Ahora me decían que o aprendía cómo manejar aquella máquina o moriría. Y tenía que aprender rápidamente.

Lloré durante un tiempo, hasta que un día simplemente no pude llorar más porque no me quedaban lágrimas. Eso pasó después que la ciudad fuera evacuada y yo supe que nunca más vería ni a mis padres ni a mi familia. Ese fue mi último día de llanto en 25 años.

> **Yo oraba y nada sucedía. Al ver que mis oraciones no eran contestadas, llegué a la conclusión de que no había Dios.**

Al principio yo todavía oraba. Me levantaba por la mañana y decía el *Modeh Ani,* y durante el día decía el *Shema* y oraba a Dios. Un día le pedía a Dios que enviara a mi madre porque tenía hambre y extrañaba mi casa.

Yo necesitaba el abrazo de una madre en lugar de las golpizas. Quería darme un baño porque estaba cubierta de mugre y no teníamos jabón. Yo oraba y nada sucedía. Al ver que mis oraciones no eran contestadas, llegué a la conclusión de que no había Dios.

Los campos de concentración

Me transfirieron de un campo de concentración a otro hasta que me enviaron a Bergen-Belsen y luego a Dachau. Me resulta difícil creer que sobreviví a tal grande horror. En Bergen-Belsen pasaron cosas tan, pero tan horribles. Nos torturaban. Nos ponían en un campo y nos obligaban a sacar remolachas azucareras de la tierra casi congelada con las manos desnudas. Recuerdo que las manos me sangraban mucho.

Tuvimos muchas experiencias difíciles en los campos. Una resalta de manera especial por su crueldad. Yo estaba trabajando en el campo un día, sacando remolachas, y a esas alturas ya era como un zombie porque llevaba varios años en esas condiciones. Decidí que iba a robarme una remolacha y comérmela. Estaba decidida a que esa noche no me dolería la barriga.

Lo único que nos daban era un pedazo de pan del grueso de un cuarto de pulgada, el 80 por ciento era aserrín, y una taza de café. Esa era nuestra comida para 24 horas. Claramente, esto era comida para apenas sobrevivir, ni hablar de sustentar a alguien que trabaje en un frío intenso.

Cuando el guardia me descubrió, me dio tal golpiza que incluso hoy cuando hablo de eso puedo sentir los azotes en la espalda, en la cara y en mi cuerpo, y el castigo de estar colgada por las manos, y todo porque me robé una remolacha.

> **Una vez nos pusieron en fila, totalmente desvestidas, para un experimento de ver cuánto demoraría nuestra sangre en congelarse.**

Solo el frío mató a muchos de nosotros porque no estábamos vestidos adecuadamente. Teníamos que estar de pie en filas durante horas, independientemente de cuánta nieve hubiera, medio desnudos y sin zapatos.

Una vez nos pusieron en fila, totalmente desvestidas, para un experimento de ver cuánto demoraría nuestra sangre en congelarse. Hasta el día de hoy, cuando hay frío y mis dedos de los pies y las manos se quedan completamente entumecidos, recuerdo aquella ocasión en que mi cuerpo comenzó a congelarse. La única razón por la que sobreviví al experimento fue porque varias personas cayeron encima de mí y sus cuerpos me mantuvieron caliente.

Yo tomé la decisión de que sobreviviría el mismo día en que dije que no había Dios. Cuando sobreviví, me atribuí todo el crédito. Después me di cuenta de que tuvo que haber sido el Señor.

Pero hubo días en los que yo creía que no lo lograría. Cuando íbamos de camino a Dachau bombardearon nuestro tren. Mientras corríamos al bosque para alejarnos del tren, yo pensé: *Se acabó. He hecho balas suficientes. Que usen las balas en mí.* La muerte parecía mejor que la vida.

En una ocasión cuando todavía estaba en un campo en mi pueblo, iba caminando por un campo con alguien y sonreí. Por la ofensa de sonreír los alemanes me pusieron en el tanque de una alcantarilla durante 24 horas. Tuve que estar de puntillas para no ahogarme. En aquella época no tenía más de 12 años.

> **Por la ofensa de sonreír los alemanes me pusieron en el tanque de una alcantarilla durante 24 horas. Tuve que estar de puntillas para no ahogarme.**

Otra época difícil fue cuando mi hermana, que estaba en el mismo campo, contrajo fiebre tifoidea. Era el último familiar vivo que me quedaba y no pensaba que pudiera seguir adelante si la perdía a ella también. Los guardias venían periódicamente en busca de los enfermos. Entonces los sacaban afuera y dejaban que se congelaran. Yo me acostaba encima de mi hermana para protegerla y cuando pedían a la gente que alzaran las manos para mostraran que estaban saludables, yo alzaba mi mano en lugar de la de ella.

Escogida para ser fusilada

En dos ocasiones me escogieron para ser fusilada. En ambas ocasiones cuando los guardias abrieron la cadena, yo salí corriendo. En la segunda ocasión choqué con un guardia. Iba corriendo tan duro que reboté contra él, pero no me vio. Solo pudo haberlo hecho Dios. Si me hubiera visto, él mismo me hubiera disparado. Yo lo miré y salí huyendo a una parte boscosa del campamento.

Cuando por fin fuimos liberados en mayo de 1945 yo estaba llena de resentimiento por lo que me había pasado. Detestaba a los alemanes con toda pasión. El resentimiento literalmente envenenó mi cuerpo e hizo que necesitara 27 operaciones.

Yo buscaba a alguien que estuviera dispuesto a tirar una bomba en Alemania y en Polonia. Había perdido a toda mi familia excepto a mi hermana y una tía, casi 100 familiares.

Mi nueva vida

Después de ser liberada vine a los Estados Unidos, me casé y tuve hijos. A pesar de lo mucho que odiaba a Dios, me volví activa en la sinagoga tradicional. Mis hijos necesitaban aprender sobre el judaísmo, pero yo no podía enseñarles porque estaba muerta por dentro. A nivel social, yo era la mejor judía. Participaba activamente para ayudar a construir la escuela hebrea. Hasta me las ingenié para convertirme en presidenta de la hermandad.

Si alguien me hubiera preguntado en aquel entonces: "¿Crees en Dios?" Yo hubiera dicho: "No". Incluso en la actualidad muchos rabinos no creen en la Biblia y muy pocos creen en Dios. Pero yo creía en mantener mi identidad y mi tradición judías.

Mi hija cree en Jesús

Un día mi hija adolescente vino a mí y me dijo lo peor que yo pudiera imaginar. Me dijo: "Mami, yo creo en Jesucristo y Él es el Mesías judío". Casi me da un ataque al corazón. Le dije lo que Jesucristo le hizo a su familia y por qué ella no tenía muchos tías ni tíos. Los guardias nazis me habían dicho una y otra vez que porque yo maté a Jesucristo, Él me odiaba y me había mandado al campo de concentración.

> Me dijo: "Mami, yo creo en Jesucristo y Él es el Mesías judío".

Cuando yo tenía como siete u ocho años un sacerdote en Polonia me dio por la cabeza con un crucifijo por el "delito" de caminar por la acera frente a su iglesia.

Así que el hecho de que mi hija creyera en Jesucristo era la muerte. Yo la expulsé de la casa. No podía tener este enemigo viviendo en mi casa. Cuando mi esposo fue a la casa donde ella se estaba quedando para ver cómo estaba, él también se convirtió en creyente. La casa se usaba como un medio de alcance a los judíos.

Mi hija menor todavía iba a una escuela hebrea privada, pero de alguna manera supe que ella en secreto se había convertido en una creyente mesiánica y la golpeé por eso, aunque no recuerdo haberlo hecho.

> **Había perdido mi primera familia por Hitler, y ahora estaba a punto de perder a mi segunda familia y todo por este Jesús. Estaba lista para conocer a Jesús y matarlo.**

Después de que mi esposo aceptara al Señor, vino a casa y comenzó a leerme Proverbios 31. Yo no sabía lo que era Proverbios 31 pero cuando él me dijo que también creía, para mí también se convirtió en un traidor. El rabino no pudo hacer nada con él. Era muy testarudo. Yo estaba a punto de abandonar a mi familia, pero no pude. Una amiga mía, abogada, me dijo: "Si te vas de la casa las autoridades te meterán en la cárcel por abandono de tus hijos menores".

Había perdido mi primera familia por Hitler, y ahora estaba a punto de perder a mi segunda familia y todo por este Jesús. Estaba lista para conocer a Jesús y matarlo.

Probé con todas las cosas posibles para llegar a ambas hijas. Por primera vez les hablé de los campos de concentración. Les supliqué. Les pedí que rechazaran a este enemigo judío. Durante dos mil años nos habían perseguido porque se suponía que este hombre fuera un Mesías. Les dije todo lo que yo había aprendido, pero nada ayudó.

Ya que mi esposo se había vuelto creyente, insistió en que mi hija regresara a casa. Ellos me testificaban constantemente. Me encontraba mi Biblia hebrea abierta con pedacitos de papel que tenían versículos escritos.

Yo no sabía que eran pasajes de la Escritura porque yo no conocía la Biblia.

Acudo al rabino

Yo corría a ver al rabino. Él me daba pasajes diferentes con los cuales desafiar a mi familia. Como respuesta ellos me daban cinco más.

Instada por mi familia le pregunté al rabino sobre Isaías 53. Él dijo: "Ningún judío lee eso, especialmente una mujer judía". Así que no podía leerlo. Lo mismo pasó con el Salmo 22.

Existen 328 profecías de la venida del Mesías como un siervo que sufriría. Le pregunté al rabino sobre la mayoría de ellas. Por fin el rabino me dijo que no fuera más a la sinagoga porque le había leído Isaías 53.

Yo seguía gritando, clamando y llorando: "¡Ayúdame! Yo no voy en esa dirección. ¿Qué quiere de mí? Usted me dice que mi familia está muerta porque creen en Jesús, pero mi comida desaparece. ¿Quién se la está comiendo? ¿Por qué tengo tanta ropa que lavar? Si todos están muertos, ¿por qué pasa esto? ¡Ayúdeme!".

> **Empecé a escabullirme al sótano y leer el Nuevo Testamento encerrada en una habitación.**

Él simplemente contestó: "No. Ya no puedo ayudarle".

Así que empecé a escabullirme al sótano y leer el Nuevo Testamento encerrada en una habitación. Primero leí Mateo y este me mostró que Jesús fue un hombre noble. Él no era un asesino de mi pueblo sino un hombre muy noble. Entonces comencé a pensar en lo que yo creía.

Fui a otro rabino en busca de ayuda, pero me dijo: "Mire, no puedo ayudarla porque yo no leo mucho la Biblia".

El millonario

Poco después de ese encuentro fui a una cena en la casa de Arthur DeMoss. El señor DeMoss era un empresario cristiano adinerado que abría su casa una vez al año como una manera de alcanzar a los judíos. Él me preguntó si podía orar por mí. Yo le dije: "No me importa si se para de cabeza. Esta es su casa". En lugar de pararse de cabeza, comenzó a orar. Los judíos nunca cierran sus ojos para orar, pero de repente yo cerré mis ojos y dije una oración muy sencilla:

> Dios de Abraham, Isaac, y Jacob, si es verdad, si ese que ellos dicen es tu hijo, y tú tienes un Hijo, y Él verdaderamente es el Mesías, está bien. Pero Padre, si no lo es, entonces olvídate de que hablé contigo.

Esa fue la primera oración que yo hacía desde 1942. Sentí que una piedra enorme caía de mis espaldas. Por primera vez desde la guerra lloré y me sentí tan limpia. Yo sabía que Él era real y le hice mi Mesías.

> **Por primera vez desde la guerra lloré y me sentí tan limpia. Yo sabía que Él era real y le hice mi Mesías.**

Cuando los sobrevivientes del Holocausto hoy se enojan conmigo porque soy una judía mesiánica, solo les muestro que los amo porque sé cómo se sienten. Yo pasé por eso. No discuto con ellos.

Una llamada de Berlín

Un día recibí una llamada de Sid Roth. Un amigo de él, un pastor de una iglesia grande en Berlín acababa de llamarle y decirle: "Vamos a alquilar el coliseo más grande de Berlín, el que Hitler usaba para sus reuniones, y estamos buscando judíos mesiánicos que participen en los eventos que hemos organizado".

Sid dijo: "Tengo la persona perfecta", hablando de mí. Pero cuando me llamó yo me negué.

Cuando me fui de Alemania juré que nunca jamás regresaría a esa tierra maldita. Y él me estaba pidiendo que regresara a Alemania. *¿Cómo se le ocurría?* Durante seis meses luché con la decisión de si ir o no. Le pedí al Señor que me matara, que me llevara a casa, pero que no me enviara de regreso a Alemania porque en cuanto empezaba a orar venía la palabra: "Sí, tienes que regresar y tienes que perdonar".

Por fin me rendí. Fui con mi esposo y con otros cuatro creyentes. Muchos más vinieron después. Fue, como dije, una lucha de seis meses. Hubo personas que oraron y ayunaron por mí.

Era un evento grande. Estaban varios cristianos prominentes como Pat Robertson, Demos Shakarian, y Pat Boone.

Cuando entré a aquel coliseo, donde Hitler había dicho que los Nazis gobernarían al mundo durante mil años, estaba atestado de jóvenes alemanes. Varios de ellos tenían estrellas de David, estrellas judías, colgando del cuello. Ondeaban las banderas israelíes.

Cuando vi a los líderes estadounidenses, algunos de los cuales yo conocía, y vi a los alemanes que llevaban estrellas de David y *mezuzahs*, pensé: Es imposible. Entonces pensé: *¿Qué estoy haciendo aquí? Señor, ¿qué quieres de mí? Sácame de aquí. No quiero hablar en alemán. ¿Estoy haciendo esto bien o estoy diciéndoles a los alemanes y al mundo que está bien ir y matar a los judíos?* Estos pensamientos me atormentaban hasta que hablé.

Confrontada por los nazis

El domingo me llamaron para que hablara. No recuerdo haber dicho las cosas que estaban impresas en el papel. No recuerdo haber hablado de perdón, pero cuando terminé, vinieron a verme algunas personas que eran las últimas personas en este mundo que yo quería ver. Eran ex nazis.

Al parecer yo había pedido que cualquier ex nazi pasara adelante para orar por ellos y que fueran perdonados. No recuerdo haberlo dicho, pero ahí estaba, pidiéndome que los perdonara. ¿Podía perdonarlos cara a cara como lo había hecho desde el podio?

Fue entonces que me di cuenta de que había hablado sobre el perdón. Uno de los que pasó al frente era un guardia de Dachau. Él había estado a cargo de los castigos. Cuando vino y se identificó mi cuerpo se arrugó de dolor mientras él se arrodillaba. Me suplicaba que lo perdonara.

Yo soy creyente, pero las personas no pueden comprender lo que experimenté en Dachau y en Bergen-Belsen. No pueden imaginar el infierno que pasé. Fue solo por la gracia de Dios que pude perdonar a los que vinieron al frente, porque Rose Price no podía perdonarlos por las atrocidades que pasé siendo una niña.

> ...uno de los ex nazis con quienes había orado por perdón, se me acercó. Me dijo que después de orar con él pudo, por primera vez después de la guerra, dormir toda la noche.

Cuando estaba lista para irme de Berlín, uno de los ex nazis con quienes había orado por perdón, se me acercó. Me dijo que después de orar con él pudo, por primera vez después de la guerra, dormir toda la noche.

Muéstrame la fortaleza

En otra ocasión estaba yo de nuevo en Alemania y me di cuenta de que no estaba lejos de Bergen-Belsen. Sabía que tenía que regresar. Tenía que enterrar Bergen-Belsen de una vez y por todas. Fui con una pareja sueca, Susan y Gary, y con un alemán llamado Otto, todos creyentes.

Tuve que preguntarle a un guía dónde estaba la puerta principal. No la reconocía porque habían quemado todas las barracas. Pero sabía que si me ponían donde estaba la puerta principal, podría encontrar donde habían estado las barracas. Me asombraba que hasta el día de hoy no crece la hierba donde estaban los cables eléctricos. No importa cuántas veces siembran hierba, no crece. El guía me dio una lista de los nombres de aquellos que habían estado en Bergen-Belsen, encontré el nombre de mi hermana y el mío. Estábamos en el último transporte que salió de Bergen-Belsen a Dachau. Después de eso, todos los que se quedaron murieron de tifo.

Lloré, lloré mucho. Hubo un momento en el que yo le gritaba a Bergen-Belsen: "Tú moriste, ¡pero yo sobreviví! ¡Aquí estoy! ¡Sobreviví!".

Mientras gritaba comencé a orar por la salvación del país y que el pueblo alemán supiera del amor y el perdón del Mesías.

Entonces pregunté: "Señor, ¿cómo puedo hacer esa oración en este cementerio donde me sucedieron tantas cosas, tantas que es indescriptible?".

Mientras oraba el alemán se puso histérico. Fui adonde él estaba para abrazarlo y él dijo: "¿Cómo puedes orar por nosotros cuando te hicimos todo eso? Mi familia estuvo involucrada en esto. Nosotros te pusimos aquí. ¿Cómo puede hacerlo? Muéstrame la fortaleza. Muéstrame la fortaleza". Entonces me pidió perdón, y los cuatro seguimos llorando y orando unos por otros y por el pueblo alemán.

Usted tiene que perdonar

Si siente que no puede perdonar a alguien, no creo que usted pueda odiar a una persona más de lo que yo odiaba a los alemanes. Yo perdí mi estómago. Me hicieron 27 cirugías antes de ir a Berlín. El odio tiene una dirección en su cuerpo. El amor no puede habitar en el cuerpo junto con el odio. Cuando por fin yo entregué todo el odio y el amor comenzó a entrar, algo pasó dentro de mi cuerpo. Ya no tengo dolor. No me han hecho ninguna otra operación desde 1981 porque el Señor me sacó todo ese veneno.

Nadie conoce el dolor que usted
ha pasado y nadie conoce el
dolor que yo he pasado. Pero
no hay excusa para el odio.
Usted tiene que perdonar.

Nadie conoce el dolor que usted ha pasado y nadie conoce el dolor que yo he pasado. Pero no hay excusa para el odio. Usted tiene que perdonar. Tiene que renunciar al odio.

Ni siquiera está en sus manos el tener la fuerza para perdonar. Usted no puede hacer nada por sus propias fuerzas. Tiene que acudir al Señor y el Señor le dará la fortaleza.

Comentario de Sid Roth

¿Qué tipo de poder pudo permitir a Rose Price perdonar a los nazis que torturaron y mataron a casi toda su familia?

Este es el poder del Espíritu Santo de Dios. Dios predice que llegará el día en que cambiará el corazón de una persona y le dará un espíritu nuevo: "Os daré corazón nuevo, y pondré espíritu nuevo dentro de vosotros; y quitaré de vuestra carne el corazón de piedra, y os daré un corazón de carne..." (Ezequiel 36:26).

Este nuevo Espíritu que Dios pondrá dentro de nosotros nos permitirá vivir a un nivel más algo y vencer todos los temores.

Jeremías 31:30,33 (31,34 en algunas versiones),
escrito cientos de años antes del nacimiento
e Jesús, predice un nuevo pacto de parte de
Dios que no solo hará que Dios nunca más se
acuerde de nuestros pecados ¡sino que nos permitirá *conocerlo* a Él!

Imagine tener intimidad con Dios. Usted puede
escuchar su voz. Puede experimentar su amor.
Yo sé que esto es verdad porque lo conozco. Y
lo que Él ha hecho por mí quiere hacerlo por
usted.

Capítulo 4
por Alyosha Ryabinov

CAPÍTULO 4

Una nueva canción

Nací de padres judíos en Kiev en 1958. Mis padres trataban de ocultar nuestro judaísmo. No había nada judío en nuestra casa y nunca íbamos a la sinagoga. Sin embargo, a pesar de ser un niño, yo quería ser judío porque mi madre y mi padre lo eran. Yo no podía razonarlo, pero dentro de mí me parecía correcto.

Cuando crecí la única religión a la que me vi expuesto fue el ateísmo. El ateísmo se enseñaba en la antigua Unión Soviética como la verdad. En la universidad incluso daban un curso sobre esto en el que ridiculizaban a los que creían en Dios. Cuando mi profesor decía que la ciencia había probado más cien veces que Dios no existe yo quería pedirle una prueba de esas cien. No me parecía que el ateísmo estuviera basado en ninguna prueba científica, pero no tenía valor para expresar mis pensamientos.

Yo sabía que había un Dios

De alguna manera yo sabía que había un Dios. Sabía que incluso algo tan sencillo como un reloj de pulsera no pudo haberse construido nunca por mera casualidad. ¿Cómo era posible que esas minúsculas piezas de metal se hubieran ensamblado solas con el paso de millones de años? Solo un tonto podía creer eso.

Si un reloj de pulsera no podía haber evolucionado, ¿cómo podían esperar que yo creyera que algo tan complicado como un ser humano simplemente hubiera "ocurrido"? Hasta una sola célula del cuerpo humano es mucho más compleja que un reloj. Las personas tienen que ser ciegas para negar la existencia de un Creador.

Yo provengo de una familia de músicos. Mi abuelo fue violinista y compositor. Mi padre fue violinista. Mi madre toca guitarra clásica. Todos eran muy reconocidos en la antigua Unión Soviética. Mi padre incluso tocaba en la orquesta, algo que fue un gran logro pues los judíos sufrían discriminación. Cuando yo tenía cinco años comencé a estudiar piano en una escuela de música. No sabía cuán bueno era hasta que participé en algunos concursos en quinto y sexto grados. Para sorpresa mía, gané el primer premio dos veces. Después de terminar la escuela de música decidí que sería músico profesional, practicaba de seis a ocho horas diarias al menos seis días por semana.

Al parecer iba de camino a una carrera prometedora, si no fuera por una cosa, yo era judío. En la Unión Soviética eso era una gran desventaja. Cuando un judío quería entrar a la universidad o estudiar una carrera se le hacía mucho más difícil simplemente porque era judío. A pesar de todo, me las arreglé para conseguir el ingreso a la universidad y sacar mi licenciatura.

El próximo paso era ingresar al conservatorio. Tenía talento suficiente para entrar pero en ese tiempo mi abuelo emigró a los Estados Unidos. Eso fue en 1979 antes de que permitieran la salida de grupos grandes. Ahora tenía dos cosas en mi contra: era judío y nieto de un "traidor". Mi abuelo era un crítico de arte muy conocido. Ya que los círculos de música y arte están tan relacionados todo el mundo en la música ahora sabía que mi abuelo vivía en un país capitalista. Por tanto, nunca me aceptarían en el conservatorio.

La larga espera

A esas alturas yo anhelaba tanto irme del país que no me importaba adonde fuera. Por supuesto, las autoridades hicieron el proceso muy difícil. No conozco de una persona durante esa época a quien se le permitiera emigrar sin grandes desafíos. Uno tiene que reunir muchos documentos, algunos de los cuales son irrisorios. Por ejemplo, un amigo mío que llevaba muchos años divorciado tuvo que pedir un documento a su antigua esposa donde dijera que ella le permitiría irse.

En la oficina donde presenté los documentos me llamaron traidor. Yo estaba preparado para el abuso verbal, pero no era agradable. No sentía que hubiera traicionado a mi país. Yo creía que toda persona debía tener la opción de escoger dónde vivir.

Después de entregar todos los documentos tuve que esperar. A algunas personas les obligaban a esperar durante años. Con el tiempo alguien te llama y te dice si puedes irte o no, pero el período de espera es muy difícil. Yo no podía trabajar porque había solicitado permiso para emigrar y nadie me contrataba. Y ahora el ejército quería reclutarme. Ellos hacen eso para producir más temor y hostigamiento.

Cuando llevaba como ocho meses esperando, comencé a ponerme muy ansioso. Supe que en algunos casos a las personas les negaban el permiso para emigrar. Me volví muy temeroso. Yo pensaba: *¿Y si no me dejan irme? Si eso pasa nunca podré establecerme como músico en Rusia.* Siempre me perseguirían. Las personas siempre sabrían que yo había tratado de "escapar" de Rusia y mi vida futura estaría llena de desventuras.

> **Yo necesitaba abrirle mi corazón a alguien pero no me parecía que hubiera algún ser humano que pudiera ayudarme. Así que pensé que si había un Dios en el cielo, debía probar con él.**

Yo necesitaba abrirle mi corazón a alguien, pero no me parecía que hubiera algún ser humano que pudiera ayudarme. Así que pensé que si había un Dios en el cielo, debía probar con él. La cuestión era: ¿dónde lo encontraba? Mi primer instinto fue ir a una sinagoga, pero no sabía dónde hubiera alguna. Y uno no caminaba por las calles de la Unión Soviética preguntando: "¿Dónde queda la sinagoga más cercana?". Si la persona con la que uno hablaba era de la KGB, podías terminar en la cárcel.

Así que decidí ir a una iglesia. La que encontré resultó ser ortodoxa rusa. Cuando entré me sentí confundido por todas las pinturas de santos en las paredes. Había tantos que no sabía a cuál orarle. Mientras caminaba por la iglesia vi una réplica de Jesús (Yeshúa es su nombre en hebreo) en la cruz. Mi clase de ateísmo me ayudó porque sabía que Jesús era de los cristianos. Claro, ellos me enseñaron que él nunca había existido, ni siquiera como hombre. Sin dudas que no sabía nada de todos los santos que estaban pintados allí. Así que decidí orarle a Jesús. Le dije: "Jesús, por favor, sácame de este país". Entonces di la vuelta y me fui.

Nuestra familia recibió el permiso para emigrar poco después de eso. Pero yo me olvidé de la oración. Emigramos a Chicago en 1979. Enseguida comencé a estudiar música en la universidad DePaul.

Ahora que estaba en un país libre quería investigar mis raíces judías. Comencé a leer sobre la historia judía. Hasta fui a una sinagoga reformada unas cuantas veces. Aunque me aburría un poco el servicio, me emocionaba estar entre mi pueblo. Me habían negado mi herencia durante tanto tiempo que era como recuperar algo que había sido robado. También me involucré en un centro comunitario judío.

Encontré al Mesías

Una cosa que aprendí fue que los cristianos y los judíos no ligan. Antes no lo sabía. Mi curso de ateísmo me había enseñado un poco de las diferentes religiones, pero yo no sabía que a los judíos se les decía que no aceptaran a Jesús como su Mesías.

> **Un día mi hermana regresó a casa y le dijo a nuestra madre que ella creía en Dios y que Jesús era el Mesías judío. A mi mamá no le gustó mucho.**

Un día mi hermana regresó a casa y le dijo a nuestra madre que ella creía en Dios y que Jesús era el Mesías judío. A mi mamá no le gustó mucho. Mientras conversaban el asunto, yo escuchaba desde otra habitación. Para sorpresa mía, lo que mi hermana decía tenía sentido. Eso en sí era un milagro porque yo nunca le daba mucha importancia a nada que ella dijera.

Con discreción, sin decirle a nadie, comencé a leer libros sobre Jesús que mi hermana traía a la casa. Un libro trataba de varios rabinos que habían encontrado al Mesías. Eso me dejó estupefacto. Me asombraba mucho que un rabino pudiera creer en Jesús. El libro también hablaba de profecías de la Biblia que se habían cumplido. Me fascinaban pasajes como Isaías 53 que tenían tantas profecías mesiánicas.

Yo quería saber la verdad. Así que le pedí a Dios que me diera una señal si realmente Jesús era el Mesías. De repente una luz brillante inundó mi habitación. Me quedé allí un rato y después me fui. Pero a pesar de que Dios había respondido mi oración para emigrar a los Estados Unidos y ahora enviaba esta luz sobrenatural, todavía no estaba dispuesto a reconocer ante nadie lo que estaba comenzando a creer. Yo había crecido en tal incredulidad que le pedí a Dios otra señal, pero no recibí más ninguna.

Mi hermana asistía a estudios bíblicos con un grupo que se reunía en medio de la comunidad judía. Mi madre temía que persiguieran a mi hermana por creer en Jesús y le pidió que no regresara. Pero mi hermana le dijo: "Realmente quiero estudiar la Biblia, ¿el grupo pudiera venir a nuestra casa?". Ya que nuestra casa no estaba cerca del centro comunitario judío, mi madre accedió. Cuando el grupo vino para su reunión me invitaron para que los acompañara. Yo quería, pero todavía no quería reconocerlo. Les dije: "No me interesa, pero voy a sentarme a escuchar". Durante el transcurso del estudio bíblico de repente el líder me señaló y me preguntó: "¿Tú crees que Yeshúa es el Mesías?". Yo iba a responder que no inmediatamente, pero no pude. En cambio, una fuerza nueva me invadió y le dije: "Sí". Cuando se lo conté a mi madre ya ella estaba más acostumbrada a la idea. No le importaba mucho si creíamos en Jesús o no. Ella solo temía a la persecución por parte de la comunidad judía tradicional.

> **Cuando se lo conté a mi madre ya ella estaba más acostumbrada a la idea. No le importaba mucho si creíamos en Jesús o no. Ella solo temía a la persecución por parte de la comunidad judía tradicional.**

Cuando terminé mi maestría en la universidad DePaul di dos recitales. Eran los mejores logros de mi vida. Durante las dos horas que toqué en los conciertos y durante un poco tiempo después tuve una gran sensación de logro. A las personas realmente les encantaron las interpretaciones y me elogiaron. Pero al día siguiente me sentí vacío. Todas aquellas horas de práctica diaria, años tras año, habían producido un par de momentos de gloria. Ahora la gloria se había ido y lo único que quedaba era esta sensación rara y vacía.

Al principio yo quería producir y tocar más música buena para que las personas volvieran a exaltarme otra vez y me dijeran que era maravilloso. De lo contrario me parecía que me hundiría. Es normal desear ser grande, pero ese deseo no debemos usarlo para darnos gloria a nosotros mismos. El Señor me mostró que quería que yo viviera toda mi vida para él. Así que durante un año no toqué piano. Y durante dos años no ofrecí ningún concierto significativo. El piano era un ídolo para mí. Yo puse mi ídolo en altar y dije: "Si no quieres que use esto durante el resto de mi vida, no lo haré. Dios, yo quiero que mi vida te exalte".

Mientras tanto fui al Instituto Bíblico Moody donde conocí a mi esposa, Jody, quien también es judía y creen en Yeshúa. Después de un semestre tuvimos la oportunidad de ir a Israel. Algo sobresaliente de mi tiempo allí fue cuando oré por un niño con epilepsia. Jody y yo fuimos a verlo con un amigo ruso que acababa de convertirse en creyente en Jesús. Era difícil comunicarse porque no teníamos un idioma en común. Nosotros hablábamos ruso e inglés y la madre del muchacho hablaba español y hebreo. Dios me mostró que un demonio era la causa de la epilepsia. Así que por primera vez en mi vida le dije a un demonio que saliera en el nombre de Jesús. De repente el chico indicó que sentía que algo salía de él. Él no sabía lo que yo había dicho en la oración porque no entendía el idioma. Meses después supe ¡que nunca más tuvo episodios de epilepsia!

> **Dios me mostró que un demonio
> era la causa de la epilepsia...
> le dije a un demonio que
> saliera en el nombre de Jesús.
> De repente el chico indicó que
> sentía que algo salía de él.**

Tocar para Dios

Después que regresamos de Israel comencé a entender que debía usar mi talento en el piano para servir a Dios. También sentí el deseo de alabar a Dios con el canto. Eso me resultaba interesante porque yo no canto muy bien. Cualquiera que se convierta en un nuevo creyente puede recibir una nueva canción, ya sea músico o no. Cuando esa nueva canción comenzó a salir de dentro de mí, fui al piano y comencé a alabar a Dios. De ahí salieron algunas composiciones musicales nuevas y hermosas.

Dios ha seguido siendo fiel a mí con el paso de los años. Me ha dado la oportunidad de tocar en Suecia, Alemania, Austria, Ucrania, Israel y Canadá, así como en los Estados Unidos. Ahora tengo ocho grabaciones musicales. Y Dios nos ha bendecido a Jody y a mí con dos hijos maravillosos, Josiah y Yasmine. Tal vez usted está pasando por grandes dificultades en su vida, como me pasó a mí. Yo busqué respuestas en muchos lugares pero descubrí que el único camino a la paz verdadera y a la victoria está en conocer al Mesías. Él pondrá en su boca una nueva canción.

Comentario de Sid Roth

Aunque la mayoría de los judíos norteamericanos son agnósticos, a la mayoría de los judíos rusos se les enseña a ser ateos. Esto está cambiando rápidamente en ambos países. Cientos de miles de judíos rusos como Alyosha ahora creen en Jesús. Y hay cientos de sinagogas judío-mesiánicas en los Estados Unidos para recibir a los judíos que creen en Jesús.

¿Cuál es su posición? ¿Cree usted que existe un Dios que creó al mundo? Cuando yo iba a la escuela la teoría de la evolución parecía razonable. Hoy me doy cuenta de que se necesitas más fe para creer que este complejo universo evolucionó a través de la casualidad que para creer el relato de la creación de la Biblia.

Considere el ejemplo del reloj de pulsera que dio Alyosha. Si usted lo desarma por completo y sacude las piezas en una caja durante un millón de años, ¿se volverá a armar y podrá funcionar? ¡Cuánto más complejo no son el corazón y los miles de millas de capilares que conforman el sistema circulatorio!

¿Sabía usted que el ojo humano tiene un millón de fibras nerviosas en cada nervio óptico? Cada uno está conectado al cerebro. Cuando el ojo apunta a algo, envía un mensaje al cerebro que le dice al cerebro la distancia a la que está el objeto. Entonces el cerebro envía un mensaje a

los músculos de las lentes que les dicen cuánto
deben cambiar su curvatura. En fracciones de
segundos el objeto está enfocado.

En las últimas 24 horas su corazón ha latido
100,000 veces; su sangre ha viajado 186
millones de millas a través de 60,000 millas de
tuberías en su cuerpo. Sus riñones han filtrado
más de 42 galones de líquido. Y probablemente
usted ha ejercitado 7 millones de células cerebrales. Ninguna máquina hecha por el hombre
se compara con su cuerpo.

Por cierto, si el hombre evolucionó del mono,
¿por qué nunca han encontrado fósiles o animales que tengan parte de mono y parte de
humanos? ¿Y por qué *cada* "eslabón perdido"
entre los monos y los hombres resultó ser un
error o un engaño?

Recuerdo que en la secundaria solíamos estudiar las gráficas cronológicas de la evolución.
Daban como un hecho que los dinosaurios
vivieron millones de años *antes del hombre.*
En el Museo de Evidencias de la Creación en
Glynn Rose, Texas, podemos ver evidencias de
*huellas humanas y de dinosaurios que fueron
hechas a minutos unas de otras* y quedaron
plasmadas en un lecho de roca caliza. De hecho
esa misma roca caliza tiene 57 huellas humanas
y 192 de dinosaurios, prueba de que las gráficas
cronológicas de la evolución son una fantasía.

El hombre y los dinosaurios vivieron juntos en la Tierra.

¿Y qué de la teoría "Big Bang"? Si una gran explosión creó el orden a partir del caos, ¿por qué cada explosión visible de la historia ha producido desastre? La Biblia dice que el verdadero "big bang" todavía está por venir:

Pero el día del Señor vendrá como ladrón en la noche;(A) en el cual los cielos pasarán con grande estruendo, y los elementos ardiendo serán deshechos, y la tierra y las obras que en ella hay serán quemadas. (2 Pedro 3:10).

Entonces Dios nos dará un cielo nuevo y una tierra nueva. Estará en perfecto orden, un huerto del Edén:

Vi un cielo nuevo y una tierra nueva; porque el primer cielo y la primera tierra pasaron, y el mar ya no existía más... (Apocalipsis 21:1).

Capítulo 5
por Sharon R. Allen

Capítulo 5

Yiddishkeit

Mi vida en 1982 estaba dedicada al bienestar de mi familia y a mis actividades en el Jabad del Centro Judío de Irvine. Uno puede encontrar centros de Jabad incluso en las comunidades más remotas del mundo. Siempre había sentido una profunda admiración por el Jabad y es por eso que mi esposo y yo apoyábamos el movimiento Jabad aquí en el sur de California.

Pero...me estoy adelantando. Quiero regresar al comienzo, a mi comienzo.

Nací en 1945 en el hospital Beth Israel de la ciudad de Nueva York. Mi nombre hebreo es Sura Rifka. Me crié en un hogar judío conservador. A partir del momento en que mi mamá encendía las velas del Shabat los viernes por la noche hasta una hora después de la caída del sol el sábado en la noche, había ciertas reglas y leyes con las cuales cumplíamos. Estas no nos hacían sentir restringidos ni oprimidos. Era nuestra manera de mostrar nuestro amor, nuestro respeto y nuestra devoción hacia Dios.

Cumplíamos con los mandatos rabínicos como no usar la electricidad durante el Shabat. Dejábamos una luz encendida en el pasillo la cual se encendía antes de que comenzara el Shabat y se quedaba encendida durante la noche y el día siguiente hasta una hora después de la caída del sol el sábado en la noche cuando se terminaba el Shabat. No se nos permitía trabajar en el Shabat y eso incluía mis tareas escolares ya que durante el Shabat uno no puede escribir, recortar ni rasgar papeles. Sabíamos que el Shabat era especial por lo que hacíamos o lo que no hacíamos, y se diferenciaba de los demás días de la semana.

Por supuesto, la cocina de mi madre era *kosher* y allí solo se permitían alimentos kosher. Se implementaba estrictamente que hubiera juegos de platos y cubiertos separados para los productos lácteos (*milchig*) y las carnes (*fleishig*). Mi hermano y yo sabíamos, desde que pudimos alcanzar a las gavetas y los gabinetes que nunca podíamos confundir esos artículos considerados para *milchig* y *fleishig*. También se necesita un juego de platos aparte para la Pascua. Esos platos los sacaban una vez al año del estante más alto al que no se podía alcanzar y se usaban solo en la Pésaj.

Guardábamos todas las festividades judías. Mi hermano y yo íbamos a una escuela hebrea. Crecimos sabiendo quiénes éramos dentro de la comunidad judía.

La mudada al oeste

Era una joven cuando me casé con un hombre con un trasfondo judío similar. Tuvimos una hija a quien llamamos Elisa. Su nombre hebreo es Chava Leah. Cuando ella tenía unos pocos años nos divorciamos. Obtuvimos un divorcio judío conocido como un *guet*.

Yo trabajaba en el "Centro de confecciones" de Nueva York. En esa época Elisa iba a una escuela judía. Recuerdo claramente aquellos primeros años cuando Elisa y yo esperábamos el bus de su escuela en las frías, oscuras y ventiscosas mañanas, a las siete en punto. Nos acurrucábamos juntas, heladas con el viento. Fue en una mañana así que le susurré a mi hija: "Tiene que haber algo mejor".

Mudarnos fuera del estado parecía el paso adecuado. Elisa tenía un problema de alergia que empeoraba durante los húmedos meses de invierno. El clima invernal de Nueva York era el peor para niños como ella. Yo había escuchado a un médico en un programa de televisión decir que cuando las personas con ciertas alergias se mudan a otro clima, a menudo sus alergias desaparecen. Con las palabras de aquel doctor haciendo eco en mis oídos, me senté e hice una lista de los principales centros de confecciones del país. Sin dudas valía la pena probar la teoría del doctor sobre los beneficios de mudarse.

El 27 de agosto de 1974 Elisa y yo llegamos a Los Ángeles, California. Casi inmediatamente la matriculé en Yavneh Yeshiva porque la escuela comenzaba en septiembre. Ella tenía seis años. Vivíamos cerca de la escuela en el distrito de Fairfax, la sección ortodoxa de la ciudad y nos involucramos en la congregación Shaari Tefillah.

Luego de uno pocos años mis padres se mudaron a Los

Ángeles para unirse a nosotras y poco después de nos mudamos al condado Orange. En esa época había una gran explosión de bienes raíces y, como muchas otras personas, decidí sacar mi licencia de bienes raíces. Una vez que obtuve mi licencia comencé a trabajar en una oficina cuyo dueño era un hombre llamado Ron Allen. Se convertiría en mi esposo.

El negocio era su religión

Cuando Ron y yo nos conocimos él sabía que yo era judía y que me había criado en un hogar judío conservador. Lo único que yo sabía del trasfondo religioso de Ron era que él era protestante. Él nunca mencionaba a Jesús, el Nuevo Testamento ni la iglesia. Si lo hubiera hecho, yo hubiera ido en dirección contraria.

Al parecer no había estado en una iglesia desde que era un adolescente. Él tenía 42 años. Yo tenía 32. La religión era lo menos importante en la mente de Ron; el negocio era su religión.

A medida que Ron conoció nuestras tradiciones judías, las aceptó como suyas y participaba con entusiasmo. Por su manera de ser cordial y cariñosa, mis padres lo recibieron en la familia. Mi madre decía de él: "Es tan *hamisha*", que en yidis quiere decir: "Es tan agradable estar a su lado".

Nosotros estábamos activos en el Jabad y nos apegamos al rabino, Mendel Duchman, a quien admirábamos y respetábamos.

El rabino Duchman, un poco erudito, un poco artista y un poco negociante, sabía cómo renovar el interés de la gente en el estilo de vida judío. Su esposa, Rachel, era afectuosa, compasiva y conocedora. Ella era la estampa de la joven *balaboosta* (esposa esmerada e inmaculada) judía, la *rabina del rabino* por decirlo de alguna manera.

Ron y yo supimos enseguida que ese era nuestro lugar. Yo era muy activa en el grupo de mujeres del Jabad.

La conversión al judaísmo

Unos años después de que Ron y yo nos casamos, nuestras discusiones por su conversión al judaísmo se volvieron graves. Yo sabía que nuestro futuro juntos podría arruinarse si Ron se negaba. Tener un hogar judío y criar a Elisa judía era lo más importante para mí. Para ser un judío exitoso uno tiene que hacerse la pregunta: "¿Son tus nietos judíos?" y poder responderla de manera afirmativa. Cuando Ron adoptó a Elisa legalmente poco después de nuestro casamiento, incluso los papeles de adopción estipulaba que Elisa sería criada como judía.

> **...el entierro y la vida después de la muerte son de vital importancia para un judío.**

Además, el entierro y la vida después de la muerte son de vital importancia para un judío. Como judía yo sabía que el entierro en un cementerio judío era imperativo. Nosotros creemos que si se nos entierra en un cementerio judío, rodaremos por debajo de la tierra hasta la tierra de Israel y estaremos entre los primeros que resucitarán.

Como judíos creemos que vamos al paraíso o al seno de Abraham. Si por accidente nos desviamos al "otro lugar" el padre Abraham "nos hala".

La importancia que tenía para mí ser una judía conservadora se recalca con la siguiente historia del Talmud (Tractate Berachot 28b) acerca del rabino Rabbi Yochanon Ben Zakkai en su lecho de muerte. Los alumnos del rabino estaban atónitos al encontrar que su maestro lloraba. Cuando le pidieron que explicara su conducta, el sabio respondió que si fueran a llevarlo ante un rey de carne y hueso cuyo castigo *no fuera eterno* y quien pudiera ser sobornado y apaciguado, él todavía estaría muerto de miedo; piensen entonces cómo debe sentirse al verse ante el Rey de reyes, *quien vive para siempre, cuyo castigo es eterno y quien no puede ser sobornado ni apaciguado.* Además, delante de él había dos caminos, explicó el sabio, uno llevaba al cielo y el otro al infierno, y con tales prospectos, ¿no debía sentir temor?

En la edición de enero de 1989 de la revista *B'nai B'rith Messenger,* en el artículo "Torah Thoughts" [Consideraciones sobre la Torá], el rabino Menachem M. Schneerson escribe sobre esta historia:

> El Talmud narra que cuando el gran rabino Yochanon Ben Zakkai lloró antes de su muerte dijo: "Se extienden dos caminos delante de mí, uno al Gan Eden [cielo] y el otro a Ge Hinnom [infierno]; no sé por cuál seré llevado". Huelga decir que el rabino Yochanon Ben Zakkai estaba preocupado por su estatus espiritual y por si había alcanzado un nivel de santidad suficiente como para entrar al cielo.

Estas preocupaciones son las de un hombre a quien se le acredita la supervivencia de la diáspora del judaísmo y cuya influencia se ha sentido a lo largo de las edades. El rabino Yochanon Ben Zakkai deja tras sí la expansión del pensamiento y la ley judíos, el Talmud Babilónico, literatura de preguntas y respuestas sobre el judaísmo, Rishonim [los primeros rabinos], Ajaronim [rabinos principales], el jasidut y el musar. *Pero no estaba seguro de si iba al cielo o al infierno.*

¿Será de extrañar que esta historia captara mi atención? Si el rabino Yochanon Ben Zakkai, un erudito de la Torá tan eminente y reconocido, no está seguro de adónde va, nos incumbe a nosotros hacer lo que sea necesario para garantizar nuestro destino futuro y ser considerados dignos del Gan Eden.

Otra consideración importante con respecto a la conversión de Ron tenía que ver con el rabinato israelí que solo acepta las conversiones ortodoxas. Así que sabíamos que solo serviría una conversión kosher.

El estudio de la vida, la historia y la ética judía es vital como parte de cualquier conversión judía. Ron estaba expuesto al *Yiddishkeit* (estilo de vida judío) en nuestro hogar. Yo esperaba con ansias su instrucción con el rabino Duchman.

> **El estudio de la vida, la historia y la ética judía es vital como parte de cualquier conversión judía.**

Antes de que su conversión ocurriera, yo quería que Ron estuviera consciente de las tres ceremonias requeridas. Le expliqué que los hombres tenían que ser circuncidados, y que puesto que él ya estaba circuncidado, el rabino sacaría un poquito de sangre del pene como un gesto simbólico. También sería necesario que se sumergiera en agua en un *mikvah*.

Esto es similar al bautismo y simboliza la purificación e identificación con el pueblo judío. La tercera ceremonia, aunque no siempre se hace en las conversiones reformadas o conservadoras, siempre tiene que acompañar a cualquier conversión ortodoxa o "kosher", y es el renunciamiento a las creencias anteriores de la persona delante de un *Beit Din* o un jurado rabínico (concilio de rabinos).

¡Es algo tan pagano!

Ron estuvo de acuerdo con todas las ceremonias excepto la última. Dijo que no creía que pudiera renunciar a Jesús.

¡Yo me quedé horrorizada!

Mi esposo nunca había mencionado a Jesús, no había visitado una iglesia hacía más de 30 años y nunca había usado las palabras "cristiano", "Cristo" o "Nuevo Testamento". Llevábamos una vida judía, ayudamos a construir la sinagoga, la comunidad judía usaba nuestra casa, nuestra hija asistía a una academia hebrea, *¡y mi esposo me decía que no podía renunciar a Jesús!*

> **Ron estuvo de acuerdo con todas las ceremonias excepto la última. Dijo que no creía que pudiera renunciar a Jesús.**

Yo estaba tan molesta. Le dije a mi esposo: "Esto es una locura. Tú eres una persona tan inteligente y tan lógica y un empresario de tanto éxito. ¿Cómo puedes creer en algo tan pagano? Es una fantasía. ¡Es como la mitología griega!".

Y entonces, en medio de todo mi horror, vino este pensamiento tranquilizador: voy a empezar a leer la Biblia judía y en un abrir y cerrar de ojos podré mostrarle a mi esposo que las Escrituras que le demostrarán que Jesús nunca pudo haber sido el cumplimiento de la Biblia judía. Yo sabía que todo lo que Dios quería que su pueblo judío supiera sobre su Mesías judío, de manera que nosotros los judíos lo reconociéramos cuando viniera, estaría en mi Biblia judía.

¿Está Jesús en la Biblia judía?

Bajé las escaleras y fui a la sala de estar y saqué mi Biblia judía del estante. Al abrirla ese día oré, hice una oración muy específica. Le pedí al Dios de Abraham, de Isaac y de Jacob que me mostrara la verdad y que ayudara a mi esposo a convertirse en judío.

Esa mañana, cuando mi esposo se fue a trabajar y mi hija para la escuela, yo empecé a leer mi Biblia. Comencé por la primera página: "En el principio" y seguí leyendo página tras página. Cuando mi esposo regresó del trabajo y mi hija de la escuela, allí estaba yo todavía leyendo. A la mañana siguiente, cuando mi esposo se fue a trabajar y mi hija para la escuela, yo seguí leyendo. Cuando otra vez regresaron a casa, yo seguía leyendo. Así pasó durante días, semanas y luego meses. Yo estaba asombrada ante lo que había encontrado escrito en las páginas de mi Biblia.

Yo estaba asombrada ante lo que había encontrado escrito en las páginas de mi Biblia.

Mire, todo judío cree que sabe de manera básica todo lo que está escrito en su Biblia judía. Es así porque de niños vamos a una escuela hebrea, una Yeshivá o un Cheder; y luego de adultos vamos a la sinagoga donde escuchamos una porción que se lee de la Torá y una porción de la *Haftorá* (los profetas).

En las páginas de mi Biblia hebrea hay muchas cosas escritas sobre el Mesías; dónde nacería, cómo viviría su vida, los milagros que haría. La Biblia también habla de su sufrimiento y su muerte. Me asustaba porque lo que yo leía se parecía mucho a lo que había escuchado sobre Jesús. Quien se pregunte si Yeshúa (Jesús) aparece en la Biblia judía solo tiene que leer las muchas páginas relacionas con el *Malach Ha Shem*, el Mensajero del Señor. Al estudiar cuidadosamente los pasajes relacionados con sus apariciones y cómo se comportaría, uno solo puede inferir que este no es cualquier ser creado. Habla como Dios y acepta la adoración que *solo* puede darse a Dios mismo. Y tiene en él el nombre inefable de Dios, el tetragrámaton, en hebreo, el *Yud Hay Vav Hay* (véase Éxodo 23:21).

Además *Yeshúa*, el nombre hebreo de Jesús, quiere decir "salvación". Dondequiera que en nuestra Biblia hebrea y en nuestros libros judíos de oraciones santas aparece la palabra "salvación", estamos diciendo el nombre hebreo de Jesús, Yeshúa.

En Proverbios 30:4 encontré que Dios tiene un Hijo...

En Isaías 49:6 las Escrituras hablan de un tiempo en que el siervo se lamentaría a Dios por no haber restaurado las 12 de tribus de Israel. Dios le responde diciendo: "Poco es para mí que tú seas mi siervo para levantar las tribus de Jacob, y para que restaures el remanente de Israel; también te di por luz de las naciones, para que seas mi salvación hasta lo postrero de la tierra".

En hebreo la palabra que se tradujo como "naciones" es *goyim*. Así que tuve que hacerme la pregunta: ¿cuándo el Mesías no reunió las tribus de Israel y cuando Dios entregó el Mesías a las *goyim*?

¿Dios tenía un Hijo?

Aprendí que los antiguos escritores judíos reconocían que en las páginas de la Biblia judía se mostraban dos imágenes del Mesías. Hasta tenían imágenes para las mismas:

Moshiach Ben Yoseph (Mesías, el hijo de José), el Mesías siervo sufriente, y *Moshiach Ben Dovid* (Mesías, hijo de David), el Mesías que vendría como el héroe conquistador.

En Proverbios 30:4 encontré que Dios tiene un Hijo:

¿Quién subió al cielo, y descendió?
¿Quién encerró los vientos en sus puños?
¿Quién ató las aguas en un paño?
¿Quién afirmó todos los términos de la tierra?
¿Cuál es su nombre, y el nombre de su hijo, si sabes?

¿Podría el Rabí ser el Mesías?

Cuando terminé de leer todas las páginas de mi Biblia judía, estaba confundida y asustada. Me vino un pensamiento: Sharon, ¿cómo te atreves a pensar que puedes interpretar la Biblia por ti misma, como si tú supieras tanto como un rabino?

Pero entonces pensaba en los pasajes que había leído en los que Dios les decía a los hijos de Israel que vinieran a escuchar su Palabra por sí mismos (véase Deuteronomio 4:10,29; 11:18-20; y Jeremías 29:13).

Sabía que no podía detenerme ahí. Había demasiadas cosas en riesgo.

¿Cómo podría yo siquiera soportar la idea de ser marginada de mi pueblo? Qué absurdo era pensar que un hombre que los gentiles llamaban Jesucristo pudiera ser un Mesías para los judíos. Así que me dije a mí misma: "Sharon, ¡debes haber pasado algo por alto!".

Recordé que los rabinos dicen: "Uno no puede entender la Biblia sin los comentarios judíos". Así que compré los comentarios de Rashi, los comentarios de Soncino y los comentarios judíos más modernos llamados The ArtScroll Tanach Series de Mesorah Publications. Y mientras más leía los comentarios, más quería leer. También traje a casa copias del Talmud Babilónico, de la Enciclopedia Judaica, del Midrash Rabbah, y del Mishneh Torah de Maimónides, del Targum Onkelos, del Targumim Jonathan, Los textos del Mesías de Raphael Patai, y la Guía de perplejos o descarriados de Maimónides. Estudiaba y estudiaba, día tras día. En cada texto que estudiaba yo pensaba que tal vez ese tendría la respuesta, la clave para destruir la idea de que este mesías goyishe es "el de verdad", ¡el Mesías judío!

Todo esto estaba comenzando a afectar mi vida. Cuando me preguntaron si aceptaría un puesto en el liderazgo como la nueva presidenta de las Mujeres del Jabad sentí que tenía que rechazarlo porque estaba llevando una doble vida.

El Jabad me aceptaba por completo y cumplía con todas las tradiciones. Incluso iba de manera periódica a la estación de televisión por cable de manera periódica para escuchar al rabino Menachem M. Schneerson hablar a sus seguidores vía satélite. Yo tenía a este hombre en alta estima. Los líderes del mundo lo respetaban y le consultaban. Todos los que lo escuchábamos creíamos que él decía la verdad. En aquellos tiempos siempre parecía que muy bien podría ser verdad que un día fuera rebelado que el rabino Menachem M. Schneerson era el Mesías. Una creencia popular entre los seguidores del Jabad es que en cada generación el Mesías habita entre nosotros, pero si no somos dignos, él no se nos revelará. Así que yo escuchaba a aquel líder judío y creía que él decía la verdad y no obstante, ¡al mismo tiempo, estaba investigando materiales judíos antiguos para encontrar la verdad acerca de Jesús! Durante los próximos meses la biblioteca de mi casa creció. Y mis temores se multiplicaron de manera proporcional a los libros que yo acumulaba.

No te preocupes

Una tarde Elisa regresó a casa de la academia hebrea y me dijo que necesitaban madres que llevaran a los alumnos en auto para visitar una panadería kosher. Ella preguntó si yo podía servir de voluntaria. Me alegraba poder ayudar. Ese día, mientras caminaba por la zona de Fairfax, vi que en la ventana de la librería del Jabad había algunos libros antimisioneros. Cuando nadie estaba mirando, regresé rápidamente a la librería y compré cada libro antimisionero que había disponible.

La investigación me perturbaba cada vez más. Hasta este momento yo solo había estudiado en privado. Solo mi familia sabía lo que yo estaba leyendo. Pero había llegado el momento de buscar ayuda externa, así que acudí a mi rabino. Llamé a Mendel y a Rochel y les pedí que vinieran a mi casa. Cuando llegaron nos sentamos en la biblioteca y les mostré mis libros. Les dije que cuando yo leía mi Biblia, veía a Jesús. Le pedí a Mendel que me ayudara. Ellos cuchichearon entre sí. Entonces se volvieron hacia mí y Mendel dijo: "No te preocupes". Él conocía a la persona que yo necesitaba, un profesional que trabaja con gente como yo. Le daría mi número telefónico y el hombre me llamaría. Le di las gracias cuando se iban. Me sentía tan agradecida y aliviada porque iba a recibir la ayuda que necesitaba y las respuestas que tanto ansiaba.

> **Les dije que cuando
> yo leía mi Biblia,
> veía a Jesús.**

Dos noches después recibí una llamada del rabino Ben Tzion Kravitz. Le di algún trasfondo sobre mi investigación y le expliqué cómo comenzó. Él me escuchó y me dijo que no me preocupara. Incluso me habló de un video que tenía de personas que habían renunciado a su fe en Jesús. Le dije que lo trajera cuando viniera a mi casa.

Era una encantadora, soleada y clara mañana de verano cuando el rabino Kravitz vino a mi casa. Yo había preparado frutas frescas en un plato de papel para el rabino. Quería que él supiera que yo conocía las leyes del Cashrut pero respetaría su duda de comer cualquier cosa fuera de su casa. No quería que él tuviera ninguna preocupación con respecto a lo que le había servido.

Cuando el rabino llegó se lo presenté a Ron, quien se fue al segundo piso y allí se pasó el día trabajando. Ron se quedó en casa no porque yo tuviera miedo del rabino sino porque no era apropiado que el rabino y yo estuviéramos solos.

Durante las diez horas siguientes el rabino y yo hablamos de la Biblia, de la historia judía y de la tradición. El rabino tenía un enfoque muy moderno de las Escrituras y el mío era muy tradicional. Después de leer el Talmud, el Midrash, el Targumim y los demás comentarios, yo quería hablar sobre lo que creían nuestros antepasados y de lo que decían los escritos judíos antiguos con respecto al Mesías.

En busca de la verdad con desesperación

Después de muchas conversaciones el rabino sugirió que hablara con otra persona. Me recomendó a Gerald Sigal en Brooklyn, Nueva York, el autor de *The Jew and the Christian Missionary* [El judío y el misionero cristiano]. El rabino dijo que él llamaría al señor Sigal, le hablaría de mi situación y dejaría que ambos tratáramos varios temas por teléfono.

El rabino y el señor Sigal idearon un plan. El señor Sigal llamaría a pagar cada lunes por la noche. Hablaríamos de varios temas y luego él me haría una pregunta que yo investigaría durante la semana. El próximo lunes yo le daría la respuesta.

Por ejemplo, una semana el señor Sigal dijo que la genealogía de Jesús tenía defectos porque en el judaísmo, nunca se incluían las mujeres en las genealogías. Esa afirmación me dejó perpleja porque hacía poco yo había leído la larga lista de las genealogías en Primero de Crónicas en los registros históricos de la Biblia judía, y en esos registros se mencionan a las mujeres. Los nombres de las mujeres se incluían para fomentar el conocimiento específico que se necesitaba cuando un padre solo tenía hijas y no hijos, o cuando había más de una esposa o concubinas.

Nuestras conversaciones prosiguieron durante un tiempo hasta que el señor Sigal le dijo al rabino Kravitz que yo "ya estaba demasiado alejada" como para poder recibir ayuda.

El rabino Kravitz se enojó conmigo y dijo que yo debí haber aceptado cualquier cosa que dijera el señor Sigal. Me acusó de no querer conocer realmente la verdad. El rabino no entendía que yo buscaba la verdad de manera desesperada y haría cualquier cosa por encontrarla. El rabino Kravitz probablemente también estaba avergonzado porque el rabino Duchman seguía preguntándole: "¿Todavía no la has ayudado?".

¡Cuando yo leo mi Biblia yo veo a "ese hombre"!

Poco tiempo después recibí una llamada del rabino Duchman. Él me habló de alguien que "desprogramaba", un hombre de fama internacional, el rabino J. Immanuel Schochet, quien pronto hablaría en la Yeshivá de mi hija. Le dije que asistiría.

La noche en que escuché el rabino Schochet fue un momento decisivo en mi búsqueda de la verdad. Mi familia y yo nos sentamos al frente porque mi hija asistía a la academia y nos sentíamos cómodos al estar cerca del orador.

Más temprano esa noche Ron, Elisa y yo habíamos decidido que solo iríamos a escuchar y que no diríamos nada hasta que el programa completo hubiera terminado. Entonces, y solo entonces, yo me acercaría al rabino y el preguntaría si podía ayudarme.

El discurso del rabino se enfocó en las generalidades de la vida hogareña judía y los problemas que enfrenta la familia. También habló de las diversas religiones y cómo difieren del judaísmo.

Después de que el rabino terminó su charla dio lugar a las preguntas. Una persona le preguntó qué podía hacer para proteger a sus hijos de la influencia cristiana. El rabino dijo que si se respetaban y se seguían las tradiciones dentro de un hogar judío, habría menos probabilidades de que un hijo se descarriara.

Otra persona expresó su preocupación por los misioneros que querían enseñarles a sus hijos acerca de Jesús. El rabino reiteró el valor de tener las tradiciones judías en el hogar, pero también enfatizó la importancia de mandar a nuestros hijos a las escuelas judías y las Yeshivá.

La tercera pregunta vino de un hombre que preguntó qué debía hacer cuando su hijo venía a casa con una pregunta sobre Escrituras que él como padre judío no conocía.

En ese momento el rabino Schochet agarró los lados del podio y gritó al público: "¡Nunca, bajo ninguna circunstancia un judío conocedor se vuelve a ese hombre!" ("Ese hombre" es el nombre que los judíos le dan a Jesús cuando no quieren decir su nombre.)

Yo sentí que el rabino me hablaba a mí directamente, así que agarré la mano de Ron y susurré: "¡¿Debo decir algo?!"

Y Ron dijo: "¡Sí!"

Entonces tomé la mano de Elisa y susurré: "¡¿Debo decir algo?!"

Y Elisa dijo: "¡Sí!"

Así que levanté mi mano y pregunté: "Rabino, ¿qué le dice usted a alguien como yo que conoce Yiddishkeit, sigue el judaísmo, tiene un hogar judío y no obstante, cuando leo la Biblia judía ¡¡yo veo a *ese hombre!!*?"

Con tantas familias judías y rabinos en aquella habitación, mi pregunta cayó como una bomba. Durante las cuatro o cinco horas siguientes y hasta la media noche el rabino Schochet y yo debatimos Yiddishkeit, las costumbres judías, la Biblia y otros temas. Cuando llegó la medianoche, el rabino estaba ansioso por terminar la reunión, así que dijo lo que él consideraba que eran las palabras que me mostrarían a mí y a todos los demás presentes por qué Jesús no podía ser el Mesías prometido. Le gritó al público que Jesús cometió blasfemia desde la cruz.

Entonces, con un tono airado y burlón, el rabino citó a Jesús cuando dijo: "Dios mío, Dios mío, ¿por qué me has abandonado?".

Yo estaba horrorizada por el tono de la voz del rabino Schochet y su acusación de que Jesús había blasfemado. Le dije que había muchas maneras en las que Jesús pudo haber hecho esa afirmación. Pudo haber clamado con una voz lastimera o como una súplica o con una voz que imploraba. Pero el rabino Schochet se negó a ver mi punto de vista. Me resultaba asombroso que, en su ira, al parecer se le olvidó que esa afirmación que Jesús dijo en la cruz la dijo primero nuestro propio amado rey David en el Salmo 22. *¡¿Y se atrevería algún judío a decir que David blasfemó?!*

> **Esa noche les dije a mi esposo y a mi hija: "No tengo dudas... Jesús es mi Mesías judío".**

No digo ser una especialista en hebreo ni en textos bíblicos. Solo soy una mujer judía común y corriente que ama Yiddishkeit [el judaísmo, nota del traductor], y que quería saber la verdad.

Esa noche les dije a mi esposo y a mi hija: "No tengo dudas... Jesús es mi Mesías judío".

Comentario de Sid Roth

Existen tres razones principales por las que algunos judíos no investigan las afirmaciones de Jesús como el Mesías. En primer lugar, históricamente, las personas más antisemitas se han llamado a sí mismas cristianas. Por definición el nombre "cristiano" significa un seguidor del Mesías. Cualquier persona que tenga prejuicios y sea violenta está muy lejos de ser un seguidor del Mesías. Estos "cristianos" pueden haber usado cruces grandes y asistido a una iglesia, pero sus acciones demostraron que no eran seguidores del Mesías, del Príncipe de paz.

En segundo lugar, nosotros los judíos creemos en un Dios. Los creyentes en el Mesías también creen en un Dios, pero la esencia de Dios es infinita, más allá de la total compresión. Los rabinos incluso le llaman el *Eyn Sof*, el que no tiene fin. Por las Escrituras entendemos que nuestro Dios puede manifestarse en más de una manera. En la Torá hay muchas evidencias de esto. ¿Se preguntó usted alguna vez quién estaba con Dios cuando él hizo al hombre? "Entonces dijo Dios: *Hagamos* al hombre a *nuestra* imagen, conforme a *nuestra* semejanza..." (Génesis 1:26).

Mi pasaje favorito que ilustra esta naturaleza única está en Génesis 19:24: "Entonces *Jehová* hizo llover sobre Sodoma y sobre Gomorra azufre y fuego de parte *de Jehová* desde los cielos". ¿Cómo podía el Señor estar en el cielo y en la tierra simultáneamente? ¿Por qué el único Dios verdadero debe ser tan limitado como el hombre?

Dicho sea de paso, yo no oro al Mesías; *yo oro a Dios en el nombre del Mesías.* Mis antepasados oraban a Dios a través del sumo sacerdote judío. Mi sumo sacerdote es Jesús.

La última razón por la que algunos judíos no buscan a Jesús es porque los rabinos les dicen que si creen en Jesús dejarán de ser judíos. Pero si Jesús es el Mesías judío, entonces *no hay nada más judío que creer en él.* Entonces, la pregunta no es ¿cómo puede uno ser judío y creer en Jesús?, sino más bien, ¿quién es Jesús?

Los seguidores del rabino Schneerson que Sharon mencionó podrían haberse ahorrado muchos problemas si hubieran pensado por sí mismos. El Mesías tenía que nacer en Belén, según dicen nuestras Escrituras. ¡El rabino Schneerson ni siquiera *visitó* nunca Israel!

De hecho todos los rabinos del mundo podrían ahorrarse muchísimos problemas si entendieran por qué el rabino Yochanon Ben Zakkai, el arquitecto del judaísmo rabínico moderno, no sabía si él mismo iría al cielo o al infierno. Un rabino famoso dijo: "Si un ciego sigue a otro ciego, ¿no caerán ambos en la zanja?"

¿Existe la vida después de la muerte? Con todos los libros sobre personas que han muerto o que han tenido experiencias cercanas a la muerte y han ido al cielo o al infierno, no hay mucho espacio para las dudas. Pero, ¿qué nos dicen nuestras Escrituras judías sobre la vida después de la muerte?

Daniel 12:1-2 dice:

> *En aquel tiempo se levantará Miguel, el gran príncipe que está de parte de los hijos de tu pueblo; y será tiempo de angustia, cual nunca fue desde que hubo gente hasta entonces; pero en aquel tiempo será libertado tu pueblo, todos los que se hallen escritos en el libro. Y muchos de los que duermen en el polvo de la tierra serán despertados, unos para vida eterna, y otros para vergüenza y confusión perpetua.*

Solo aquellos cuyos nombres estén escritos en el libro de la vida tendrán vida eterna en el cielo. ¿Está su nombre en el libro de la vida? Si no está seguro antes de morir, su destino es la confusión perpetua (el infierno). La única manera de saber con certeza es al conocer a Dios. No saber acerca de Él. No solo creer en Él. Usted tiene que conocerlo. Tiene que pensar por sí mismo.

Capítulo 6
por Sid Roth

Capítulo 6

¡Debe haber algo más!

"Porque trabajo, como, duermo y así sigue. Tiene que haber algo más." Esa era la letra de una canción que escribí poco después de graduarme de la universidad.

Fue como si en un abrir y cerrar de ojos me hubiera casado. Y en otro, ya tenía una hija. Y cuando volví a pestañear, tenía trabajo como corredor de bolsa con la agencia de corredores de bolsa más grande del mundo, Merrill Lynch. Pero algo faltaba. Dentro de mí sentía un anhelo, ¡tenía que haber algo más!

No lo encontraba en la religión. Mis padres eran judíos. Yo asistía a una sinagoga ortodoxa y tuve el bar mitzvá. Me sentía orgulloso de ser judío pero la religión me resultaba aburrida y mucha gente religiosa era hipócrita. Dios no tenía relevancia en mi vida.

> **Me sentía orgulloso de ser judío pero la religión me resultaba aburrida y mucha gente religiosa era hipócrita.**

Así que acudí al dinero en busca de la felicidad. Mi meta era ser millonario a los 30 años. Pero volví a parpadear, tenía 29 años y ninguna esperanza de ser millonario a los 30.

Dejé a mi esposa, mi hija, mi trabajo y me fui en busca de algo más. Me había casado joven. Tal vez la vida de soltero me daría satisfacción. Después de un año, supe que esa no era mi respuesta. Entonces pasé un curso de meditación de la Nueva Era. El instructor me enseñó a disminuir mis ondas cerebrales. Cuando estaba en ese estado pasivo, hipnótico, me dijeron que invitara a un "consejero" para que viniera a mi cabeza. Él dijo que este consejero respondería mis preguntas. El último día del curso el instructor probó mi nuevo poder al darme el nombre de una mujer que yo no conocía. Entonces me preguntó que qué problema físico tenía. Le pregunté a mi consejero y me mostró que esta mujer tenía cáncer de mama. "¿Podría tener cáncer de mama?", le pregunté. Mi respuesta era correcta. Yo sabía que no había sido pura casualidad.

El poder comenzó a crecer. Un día tuve una idea: *Me gustaría abrir mi propio negocio de inversiones.* Casi de inmediato, un empresario al que yo apenas conocía me ofreció una oficina gratis, una secretaria y un teléfono.

> ## "Sid, ¿tú sabías que tu propia Biblia judía condena que te involucres con el ocultismo?"

Poco después de que yo aprovechara su oferta él me preguntó: "Sid, ¿tú sabías que tu propia Biblia judía condena que te involucres con el ocultismo?" Me mostró en la Torá, Deuteronomio 18:10-12 (NVI):

> *Nadie entre los tuyos deberá sacrificar a su hijo o hija en el fuego; ni practicar adivinación, brujería o hechicería; ni hacer conjuros, servir de médium espiritista [alguien que use la ouija, meditación trascendental, Método Silva de Control Mental, Edgar Cayce] o consultar a los muertos [canalizaciones espirituales, sesiones de espiritismo, etc.]. Cualquiera que practique estas costumbres se hará abominable al Señor...*

Ese empresario me dijo que el "consejero" que me daba la información era un demonio, y muy malo.

La Biblia, lo sobrenatural y los judíos

Entonces leí un libro de McCandlish Phillips titulado *The Bible, the Supernatural, and the Jews*[1] [La Biblia, lo sobrenatural y los judíos]. Phillips dijo que ya que el judío está bajo un pacto con Dios, tiene un juicio todavía peor por participar de las prácticas de la Nueva Era. El libro incluía historias de judíos famosos que se habían interesado en la Nueva Era y perdieron sus vidas.

Decidí que mejor averiguaba si la Biblia realmente venía de Dios. Así que dejé de consultar a mi consejero y comencé a leer la Biblia. Pronto me llevé el susto más grande de mi vida. Mi consejero comenzó a maldecirme. Me di cuenta de que este consejero era muy empecinado y que venía directo del infierno. *Tenía* que deshacerme de él, pero no había nadie a quien pudiera pedir ayuda.

Entonces las cosas empeoraron. Me metí en la proyección astral. Eso es cuando tu espíritu sale de tu cuerpo. Temía que mi espíritu no pudiera encontrar el camino de regreso y mi cuerpo fuera enterrado vivo.

Cuando yo era pequeño le tenía mucho miedo a la muerte porque pensaba que al morir uno dejaba de existir. Ahora la muerte parecía mi única manera de encontrar alivio para esta terrible situación.

La peor noche de mi vida

En la peor noche de mi vida llamé a mi esposa y le pedí que orara. Entonces yo hice una oración por mí mismo: "Jesús, ¡ayúdame!" Yo no sabía si Él era real pero no tenía a quién más acudir. Cuando me acosté no quería despertarme. La vida era demasiado dura.

A la mañana siguiente supe inmediatamente que algo era diferente. El mal que había estado dentro de mí no estaba. Yo sabía que tenía que ver con aquella oración. De repente me di cuenta de que ya no sentía miedo. En cambio me sentía rodeado de un amor transparente. Por fin había experimentado lo que la Nueva Era nunca podría darme: la presencia tangible de Dios. Yo nunca había sentido una paz semejante. Y estaba convencido de que Jesús era mi Mesías.

Después escuché la voz audible de Dios. Me dijo que regresara con mi esposa y con mi hija. Mi esposa Joy se había vuelto agnóstica cuando se expuso a los profesores ateos en la universidad. Pero cuando yo le mostré las predicciones acerca de los judíos escritas miles de años antes en la Biblia, ella dijo: "Tengo que creer que la Biblia viene de Dios". (Véase en el capítulo 10 un debate más amplio sobre estas predicciones.) Poco después de eso ella se convirtió en creyente en Jesús.

El rabino tiene un problema

Mi madre, una gran pacificadora, convenció a mi padre de que mi nueva fe en Jesús era una faceta que también pasaría. A mí me preocupaba mucho que mis padres conocieran al Mesías y trataba de testificarles cada vez que tenía una oportunidad. Mi madre me escuchaba, pero mi padre se enojaba y cerraba los oídos. Con el paso de los años ellos vieron cómo mi matrimonio se restauraba. Vieron la nueva estabilidad en mi vida. Podían ver que me estaba volviendo un verdadero mensch (palabra hebrea cuya traducción aproximada significa "un buen humano"). Vieron a mi esposa, mi hija, mi hermana, mi cuñado y mis sobrinos convertirse en creyentes. Cuando mi hermana perdió a su hija, Cheryl Ann, mis padres vieron su fuerza interior para lidiar con esta tragedia, una fuerza que antes ella no tenía.

Mi madre, una gran pacificadora, convenció a mi padre de que mi nueva fe en Jesús era una

Un día, después de mucha oración, mi padre me dejó que le leyera el capítulo 53 de Isaías. Cuando terminé él estaba enojado y me acusó de leer una Biblia cristiana porque decía que estaba leyendo acerca de Jesús. Le mostré que había sido publicada por Hebrew Publishing Company [Editorial hebrea], pero eso no le bastó. Dijo que solo aceptaría una Biblia de su rabino ortodoxo. *Oh*, pensé, *mi padre cree que Isaías está hablando de Jesús.*

Así que al día siguiente llamé al rabino de nuestra familia y le pedí una cita. Cuando entré a su oficina me saludó con una calurosa bienvenida y me preguntó qué podía hacer por mí. Le pregunté si podría darme una Biblia y dedicármela de manera personal. Él aceptó gustoso y me escribió palabras afectuosas en la cubierta interior.

Le di las gracias y me fui rápidamente. Estaba ansioso por mostrarle este regalo poderoso a mi padre. Cunado llegué le mostré confiado a mi papá la inscripción y me aseguré de que la leyera. Luego empecé a leer el mismo pasaje de Isaías. Ahora solo le quedaban dos opciones: o aceptaba que Jesús era el Mesías o tenía que pensar que el rabino tenía un problema. Para mi sorpresa él dijo: "Siempre he pensado que ese rabino tiene un problema". Y después me contó que un día había visto al rabino comiendo en un restaurante el día de Yom Kippur, el día del ayuno.

Piensa por ti mismo

Una tarde fui a visitar a mis padres a su casa, mi padre estaba en la pista de carreras. Decidí que era el momento de demostrarle a mi madre que Jesús era el Mesías. Yo sabía que ella tenía muy poco conocimiento de las Escrituras, no sabía si eran verdad o no y no pensaba en la vida después de la muerte, aunque provenía de una familia religiosa y asistía a una sinagoga ortodoxa.

> **"Mami, ¿tú sabías que toda
> la historia de los judíos:
> el pasado, el presente y el
> futuro, está en la Biblia?...**

Comencé tratando de demostrar que hay un Dios y que la Biblia es su libro: "Mami, ¿tú sabías que toda la historia de los judíos: el pasado, el presente y el futuro, está en la Biblia? Cientos de predicciones exactas ya se han cumplido. Y la fecha que se ha determinado científicamente para los rollos del mar Muerto en Israel demuestra que nadie puso estas predicciones en la Biblia después de que ocurrieran los sucesos.

"Por ejemplo, Dios dijo que nos bendeciría más que a ningún otro pueblo si obedecíamos sus leyes (véase Deuteronomio 28:1). Sin embargo, si desobedecíamos, perderíamos nuestro país, nos perseguirían y seríamos esparcidos por los cuatro confines de la tierra (véase Deuteronomio 28:36-37; Isaías 11:12). Y cada vez que huyéramos, seríamos perseguidos (véase Deuteronomio 28:65). Y no obstante, a pesar de que muchos de nosotros sufriríamos y moriríamos, siempre seríamos preservados como un pueblo aparte (véase Jeremías 31:36). Con los sufrimientos que hemos pasado como judíos, uno pensaría que cada judío que quedara vivo hubiera sido asimilado, como una manera de autoconservación. Pero, por increíble que parezca, Dios nos ha conservado con un pueblo apartado.

"Entonces, en los últimos tiempos, sucederá un milagro. Israel se convertiría en una nación judía (véase Jeremías 16:15). Si no había ningún Israel y la ONU tuviera hoy que votar para que se convirtiera en la patria judía, ¿cuál sería la probabilidad? Cero sería mucho. Igual de imposible era en 1948. Pero Dios hizo que ocurriera una señal de mucha mayor magnitud que por el cruce del mar Rojo como si fuera tierra seca (véase Jeremías 16:14-15). Y una nación, Israel, se formó en un día tal y como lo había profetizado Isaías (véase Isaías 66:8).

"Amós dijo que una vez que regresáramos reconstruiríamos las ciudades perdidas (véase Amós 9:14). Y, si investigas la historia de Israel, encontrarás que se construyó una ciudad sobre otra. Tel Aviv es tan moderna y cosmopolita como cualquier ciudad del mundo.

Isaías incluso dijo que el desierto florecería como la rosa (véase Isaías 35:1). Por cierto, ¿sabías que Israel exporta más rosas a Europa que ningún otro país? Ezequiel profetizó la reforestación de Israel (véase Ezequiel 36:8). E Isaías 35:7 nos dice: 'El lugar seco se convertirá en estanque, y el sequedal en manaderos de aguas'. ¿Cómo supo Isaías 2,700 años antes que Israel desarrollaría una tecnología que haría que el agua subterránea manara a la superficie para así sostener la vegetación en un desierto árido? Ya que esta agua se origina en las profundidades de la tierra sale caliente ¡y permite que haya crecimiento en cualquier clima![2]

"La única manera de que Isaías o cualquier otro de los profetas pudiera saber estas cosas es si Dios se los dijo. Doscientos años antes de que naciera Ciro, Isaías lo identifica por su nombre y dice que Dios usaría a este gentil para construir el templo judío y restaurar la ciudades en Israel (véase Isaías 44:28; 45:1,13). ¿Cómo Isaías supo su nombre? Y mejor todavía, ¿cómo logró Dios que un pagano quisiera restaurar Jerusalén? Jeremías profetizó que Israel estaría cautivo en Babilonia durante 70 años exactamente (véase Jeremías 29:10). ¿Adivina cuántos años estuvimos cautivos en Babilonia?

"Yo podría seguir mencionando sin parar las predicciones sorprendentes de la Biblia que fueron escritas miles de años antes de que sucedieran pero ¿te gustaría sobre nuestro futuro? Ya que Dios ha mostrado un 100 por ciento de exactitud hasta ahora, es lógico esperar que Él conozca nuestro futuro".

> **...por primera vez en su vida se enfrentó a la exactitud de la Palabra de Dios.**

Mientras yo pasaba rápidamente de un pasaje de la Escritura a otro me daba cuenta de que mi madre estaba impresionada con mi conocimiento de la Biblia. Y por primera vez en su vida se enfrentó a la exactitud de la Palabra de Dios.

"Mamá, Zacarías dice que en los últimos días el mundo entero no sabrá qué hacer con Jerusalén (véase Zacarías 12:3). Hoy, los problemas de Jerusalén y de la pequeña nación de Israel están en las noticias constantemente. Israel será invadido por muchos países. Los poderes invasores se mencionan por nombre (véase Ezequiel 38:3-9). Será una verdadera masacre; dos tercios de nuestra gente perecerá (véase Zacarías 13:8). Y cuando ya no quede esperanza, el Mesías peleará por Israel. Déjame leértelo en Zacarías:

> *Después saldrá Jehová y peleará con aquellas naciones, como peleó en el día de la batalla...*"Y derramaré sobre la casa de David, y sobre los moradores de Jerusalén, espíritu de gracia y de oración; y mirarán a mí, a quien traspasaron,(A) y llorarán como se llora por hijo unigénito, afligiéndose por él como quien se aflige por el primogénito. En aquel día habrá gran llanto en Jerusalén..." (Zacarías 14:3; 12:10-11).

—Mamá, ¿sabes por qué habrá llanto? —Creo que esta fue la primera vez que me detuve a coger aire y le di la oportunidad de hablar.

—Supongo que porque estaremos tan agradecidos por haber sido librados —dijo ella.

—Eso es verdad, en parte. Pero la razón principal es porque nos daremos cuenta, por primera vez, de que Jesús es nuestro Mesías y no nos dimos cuenta.

—Pero si Jesús es el Mesías, ¿por qué todos los rabinos no creen? Sidney, yo te quiero, pero tú todavía no sabes tanto como los rabinos que han estudiado toda su vida.

—Mamá, el Talmud nos dice que hace años, cuando los rabinos meditaban en cómo reconocer al Mesías, llegaron a la conclusión de que habría *dos* Mesías. Uno sufriría por la gente y sería como José. Sería rechazado por su propio pueblo. Se le describe en Isaías 53:

> Despreciado y desechado entre los hombres,
> varón de dolores, experimentado en quebranto;

y como que escondimos de él el rostro, fue menospreciado, y no lo estimamos (Isaías 53:3).

—Y, según Daniel 9:26, moriría antes de que el segundo templo fuera destruido:

> Y después de las sesenta y dos semanas se qui-
> tará la vida al Mesías, mas no por sí; y el pueblo
> de un príncipe que ha de venir destruirá la
> ciudad y el santuario.

—Él moriría crucificado. David describe esto cientos de años antes de que se registrara la primera crucifixión. David incluso vio a las guardias apostando a su ropa. Y señaló que los huesos no se romperían porque es el requisito para que un sacrificio sea aceptable.

> *He sido derramado como aguas,*
> *Y todos mis huesos se descoyuntaron;*
> *Mi corazón fue como cera,*
> *Derritiéndose en medio de mis entrañas.*
> *Como un tiesto se secó mi vigor,*
> *Y mi lengua se pegó a mi paladar,*
> *Y me has puesto en el polvo de la muerte.*
> *Porque perros me han rodeado;*
> *Me ha cercado cuadrilla de malignos;*
> *Horadaron mis manos y mis pies.*
> *Contar puedo todos mis huesos;*
> *Entre tanto, ellos me miran y me observan.*
> *Repartieron entre sí mis vestidos,*
> *Y sobre mi ropa echaron suertes*
> —Salmo 22:14-18

—Él no murió por sus propios pecados sino por *nuestros pecados:*

...Ciertamente llevó él nuestras enfermedades,
y sufrió nuestros dolores;(A) y nosotros le
tuvimos por azotado, por herido de Dios y abatido. Mas él herido fue por nuestras rebeliones,
molido por nuestros pecados; el castigo de
nuestra paz fue sobre él, y por su llaga fuimos
nosotros curados (Isaías 53:4-5).

—Dicho sea de paso, los profetas continúan diciendo que su
ascendencia sería del linaje de David (véase 2 Samuel 7:12-13); los
gentiles le seguirían (véase Isaías 11:10); y Él nacería en Belén de
Judá (véase Miqueas 5:2). ¿Tú sabías que su madre estaba viviendo
en el lugar equivocado hasta poco antes de su nacimiento? María
tuvo que ir a Belén para un censo especial, para los impuestos,
¡justo en el momento de su nacimiento!

—Está bien, entonces ¿por qué los rabinos no lo ven? —preguntó ella.

—Bueno, ellos vieron a Mesías sufriente y le llamaron 'Mesías
ben (hijo de) José'. Pero entonces encontraron otras tantas predicciones sobre el Mesías imperando como Rey y liderando una
era de paz. Le llamaron 'Mesías ben David', como el rey David.
¿Cómo reconciliaron estos dos roles aparentemente contradic-
torios? Su teoría era que había dos Mesías diferentes. Pero hoy
está claro que solo hay *un* Mesías con *dos* apariciones. Primero él
vino a iniciar el Nuevo Pacto profetizado por Jeremías, para cam-
biarnos de adentro hacia afuera.

**Está bien, entonces
¿Por qué los rabinos
no lo ven?**

"He aquí que vienen días, dice Jehová, en los cuales haré nuevo pacto con la casa de Israel y con la casa de Judá."

—Jeremías 31:31,34

—Ya que los seres humanos son tan impuros en comparación con la santidad de Dios, siempre nos hizo falta un mediador y la sangre de un animal inocente para expiar nuestros pecados. En la época del templo nuestro intermediario era un sumo sacerdote. Hoy nuestro intermediario nos limpia de todos los pecados, el Cordero de Dios que quita los pecados del mundo entero. Entonces, cuando estamos limpios, Él viene a morar en nuestro cuerpo el cual se convierte en su templo. Y hablando de dos apariciones del Mesías, ¿sabías tú que la primera vez que Moisés se identificó a sí mismo como nuestro liberador nosotros lo rechazamos? (Véase Éxodo 2:11-14.) Y la primera vez que José se identificó a sí mismo como nuestro liberador, sus propios hermanos quisieron matarlo (véase Génesis 37:8,19-20). Jesús encaja en este mismo patrón. Su segunda aparición será cuando venga a reinar sobre el mundo y marque el comienzo de una era de paz.

No harán mal ni dañarán en todo mi santo monte; porque la tierra será llena del conocimiento de Jehová, como las aguas cubren el mar.

—Isaías 11:9

—Hoy los rabinos nos enseñan acerca de su segunda venida, pero nunca mencionan al Mesías Ben José. Descubrí por qué cuando participé en un debate con un rabino en la Universidad de Maryland. Después del debate entablé un diálogo con un joven estudiante rabínico ortodoxo. Le pedí que me dijera de quién hablaba Isaías en el capítulo 53. Él me sorprendió con su respuesta. Me dijo: "No puedo decirte". Rápidamente le pregunté por qué. "Tú sabes hebreo mejor que yo. Léelo en tu *Tanaj* (Viejo Pacto)". Me respondió:

No, sería un pecado". Volví a preguntarle que por qué. Y me dijo: "Porque no soy lo suficientemente santo. Solo podemos decirte lo que dicen los rabinos que vivieron más cerca de la época de Moisés que significa el versículo". Qué triste, mamá. Lo que él realmente estaba diciendo era que *no podía pensar por sí mismo*.

Aunque yo pensaba que la presentación que le había hecho a mi madre era abrumadora, ella me dijo que se sentía agradecida por el cambio que el creer en Jesús había producido en mi vida pero que no estaba lista para aceptar la verdad. "¿Qué diría tu padre? ¿Tienes hambre? ¿Te preparo algo de comer?"

> **A lo largo de los años cada vez que mi madre se enfermaba, yo oraba por ella y Dios la sanaba...Antes de morir, ella también aceptó a Yeshúa (Jesús en hebreo) como su Mesías.**

A lo largo de los años cada vez que mi madre se enfermaba, yo oraba por ella y Dios la sanaba. Como una judía no creyente, mi madre se sentía tan orgullosa de mí que les contaba a todas sus amigas judías que si estaban enfermas, su hijo oraría por ellas en el nombre de Jesús y Dios las sanaría. Antes de morir, ella también aceptó a Yeshúa (Jesús en hebreo) como su Mesías.

¿Quién es un judío verdadero?

Pero mi papá todavía se sentía avergonzado y muy herido por mi fe. Él nació en Polonia y experimentó el antisemitismo por manos de los mal llamados "cristianos". Después del funeral de mi madre, mi padre solo tenía una pregunta: ¿Iba yo a hacer las oraciones

(*Kaddish*) por mi madre en la sinagoga cada día durante once meses? La pregunta de mi padre tenía una segunda intención. Si yo hacía las oraciones por mi madre, él podría estar seguro de que yo las haría por él. Y él creía que de alguna manera esas oraciones serían su entrada al cielo sin ningún castigo o demora. Ya que él sabía que yo no estaba de acuerdo con este tipo de oración se preguntaba cuál sería mi respuesta. Durante un instante pensé en el compromiso de tiempo que eso implicaba. Pensé en la resistencia que se necesitaba para permanecer sentado durante todos los rituales y oraciones en un idioma que yo no entendía. Pensé en las posibles repercusiones de parte de aquellos en la sinagoga que conocían de mi fe sincera en Jesús. Pero con la misma rapidez que estos pensamientos pasaron por mi mente, me sorprendí accediendo a su petición.

Habían pasado años desde la última vez que me puse el tefillin (pequeña caja con la Escritura dentro que se envuelve alrededor de la cabeza y del brazo para cumplir con Deuteronomio 6:8). Un rabino retirado me ayudó mientras me colocaba el tefillin alrededor del brazo y de la cabeza.

Después de un servicio me puse a conversar con el hombre que había leído la Torá. La lectura de la Torá era sobre el cruce del pueblo judío por el mar Rojo como si fuera tierra seca. Mientras hablaba de esto con mi amigo él me miró con una expresión más que incrédula y me dijo: "¿Tú realmente no crees esas historias, verdad?"

Yo le respondí con una expresión igual de incrédula: "¿Tú no las crees? ¿Y qué estás haciendo aquí?"

Una cosa es cuando un judío secular no cree en la Torá, pero cuando un líder religioso judío no lo cree, me deja perplejo. Entonces, cuando me dijo que no creía en Dios ni en la vida después de la muerte, sentí curiosidad por saber por qué venía a la sinagoga. Él me respondió: "Porque aquí están mis amigos. Porque me gustan las tradiciones de mis padres. Y porque así tengo algo que hacer".

Yo siempre pensé que estos ancianos que *davined* (oraban) todos los días en el minyan (una reunión de diez o más hombres judíos para orar) eran los judíos más santos de la sinagoga. Descubrí que muchos de los hombres con que yo oraban pensaban lo mismo que este hombre.

Mi padre agradecía mucho que yo fuera a orar a la sinagoga todos los días. Y como hacía un tiempo que no mencionaba a Jesús, me preguntó: "¿Todavía crees en él?" Yo había estado esperando por el tiempo de Dios porque cada vez que yo mencionaba a Jesús, mi padre siempre se enojaba. Le dije que yo creía en Jesús y que Él era el motivo por el que yo iba a la sinagoga. Le dije que no creía que las oraciones fueran necesarias para mi mamá porque ya ella estaba en el cielo. Se enojó mucho con eso y rápidamente cambió la conversación.

> **Mi padre me decía: "Eres un hijo maravilloso. Eres tan bueno como el oro pero, ¿tienes que creer en Él?"**

En otra ocasión mi padre dijo que los hombres de la sinagoga le habían dicho que sus hijos no hubieran sido tan fieles en ir a la sinagoga todos los días. Mi padre me decía: Mi padre me decía: "Eres un hijo maravilloso. Eres tan bueno como el oro pero, ¿tienes que creer en *Él*?"

El Talmud declara que si una voz del cielo contradice a la mayoría de los rabinos, debemos ignorar esa voz. Un *verdadero* judío dice que si la Torá contradice a la mayoría de los rabinos, debemos seguir la Torá.

Que Dios permita que pronto todo Israel esté lleno de judíos *verdaderos*.

El cielo debe ser un lugar maravilloso

Varios años después recibí una llamada y me dijeron que mi padre estaba muriendo en el hospital. Mi hermana, que también era creyente, y yo fuimos a su lado. Yo sentí una poderosa presencia de Dios que durante varios días había estado conmigo de manera constante. Era la misma presencia tangible que cuando Jesús se hizo real para mí por primera vez hacía años. Yo dije: "Papá, ¿te acuerdas de cómo mamá siempre decía: 'el cielo debe ser un lugar maravilloso'? ¿No quieres estar con ella y con le resto de nuestra familia?"

Mi padre había perdido su voz. Su cuerpo estaba destruido por el cáncer. Pero sucedió un gran milagro. Cuando le pregunté si quería hacer de Yeshúa su Mesías y Señor, mi hermana y yo le escuchamos decir: "¡Sí!"

Soy una persona muy agradecida. Todos los miembros de mi familia judía inmediata son creyentes en Yeshúa. Joy y yo hemos celebrado 43 años de matrimonio. Mi hija ya está casada y tiene tres hijas.

> **Y he visto milagros ocurrir miles de veces cuando oro por los enfermos en su nombre.**

Han pasado más de 30 años desde que fui hecho libre. Con el tiempo la mente puede hacernos jugarretas. Si esta hubiera sido mi única experiencia con Dios, yo hubiera comenzado a dudar, pero he estudiado la Biblia por mí mismo, y estoy convencido, al 100 por ciento, de que solo una persona en toda la historia podría ser el Mesías judío. A diario experimento la presencia de Dios. Y he visto milagros ocurrir miles de veces cuando oro por los enfermos en su nombre.

¡Gracias a Dios hay algo más!

Comentario de Sid Roth

Algunas personas en la Nueva Era creen que han reencarnado (murieron y regresaron como otra persona o ser). Algunos, bajo el efecto de la hipnosis, han testificado de experiencias en otras vidas y en países que ni siquiera han visitado nunca. ¿Cómo es posible? La Biblia dice que uno muere una vez y luego viene el juicio. Esto deja fuera cualquier posibilidad de reencarnación. Por lo tanto, la gente que habla de vidas pasadas está sirviendo de canal para espíritus familiares. Estos espíritus familiares han existido por miles de años.

Mi hermana, una maestra de escuela primaria sensible y estable también había quebrantado el mandamiento de Deuteronomio 18 y se abrió a la influencia demoníaca. Años después ella asistió a una reunión de liberación. Cuando el líder de la reunión oraba para que los demonios se manifestaran y así pudieran ser expulsados, ella escuchó toses y gritos en la habitación. Los gritos eran cada vez más altos. No parecían humanos. Mi hermana no había ido para participar sino para observar. Dicho con sus propias palabras:

Tenía miedo y quería irme. Me viré para decirle a mi esposo (un contador judío) que quería irme pero no podía pronunciar una palabra audible. Mi lengua no se quedaba tranquila sino que se retorcía dentro de mi boca. Entonces me miré las manos y vi que ambas estaban cerradas en un puño. No podía abrirlas. Tenía las uñas encajadas en las palmas. ¡Estaba paralizada! El miedo era intolerable. Empecé a llorar.

Entonces un hombre se me acercó y me dijo: "Di el nombre de tu demonio". Yo no sabía de lo que él estaba hablando. ¿No se daba cuenta de que yo estaba paralizada? Cuando no le respondí, se fue. Después vino una señora y dijo lo mismo: "Di el nombre de tu demonio". Las palabras salieron de mi boca: "Demonio de temor". Ella le ordenó que se fuera. Inmediatamente mis puños se abrieron y pude hablar. Supe que el mundo espiritual era real. Esa

noche fui liberada de un temor a las personas
que me había atormentado toda mi vida. Era
libre.

Mi hermana, su esposo, y sus tres hijos son ahora judíos
mesiánicos. Me alegra que todo el mundo no tenga que experimentar la realidad del mundo oscuro e invisible para encontrar
al Señor. El diablo es real. Los demonios son reales. Y la única
defensa es el Mesías judío.

NOTAS

1. McCandlish, Philips, T*he Bible, the Supernatural, and the Jews* [La Biblia, lo sobrenatural y los judíos], World Pub. Co., 1970, Nueva York, NY.

2. De una entrevista con el Dr. Dov Pasternack De la Universidad Ben Gurion del Negev sobre "Report to Zion" [Informe a Sión], transmisión #8 de la emisora radial Messianic Vision, abril de 1989.

CAPÍTULO 7
POR MICHAEL L. BROWN, PH.D.

Capítulo 7

¿Tradición o verdad? Lo que aprendí sobre el judaísmo rabínico

¡Tú ni siquiera sabes hebreo! ¿Cómo puedes decirme lo que dice la Biblia?

—Es verdad, rabino. Yo no sé hebreo, pero aprenderé. Mientras tanto, puedo usar el diccionario que aparece al final de la Concordancia de Strong.

—Mientras tanto, ni mientras tanto. Si no sabes hebreo, no significa nada.

Nunca olvidaré esas palabras que me dijeron en 1972. Yo era un nuevo creyente en Jesús, solo tenía 17 años. Mi vida había cambiado *dramáticamente*, y lo digo en serio. Apenas unos meses antes yo me inyectaba heroína, usaba cantidades enormes de LSD y de Speedy [sulfato de anfetamina, nota del traductor], y vivía en un abandono total e imprudente. Mi apodo "Devorador de drogas" lo tenía bien merecido, y era pecador, orgulloso, podrido hasta la médula. Y todo esto a pesar de la crianza típica en una familia judía conservadora de Long Island, con padres felizmente casados. De hecho, mi padre era un abogado muy respetado que trabajaba como Asistente Legal de los jueces del Tribunal Supremo del estado de Nueva York.

Mi abuso de las drogas no se debía a algún conflicto interno ni a una búsqueda espiritual. ¡Usaba las drogas porque me hacían sentir bien! Yo era un baterista de rock adolescente con bastante talento y me atraía la mentalidad tipo Woodstock [famoso festival de rock, nota del traductor], de echar a un lado el autocontrol, endrogarse y hacer lo que te parezca. ¡Yo quería ser como las estrella del rock! Pronto la vida se convirtió en una gran fiesta.

La sorpresa de mi vida

Pero Dios tenía otros planes. Mis dos mejores amigos (el bajista y el guitarrista de nuestra banda) se criaron en hogares que solo eran "cristianos" de nombre. Ellos estaban tan cerca de Jesús como yo. Pero eran amigos de dos chicas cuyo padre era un cristiano "nacido de nuevo" muy comprometido y tenían un tío que pastoreaba una iglesia pequeña en Queens, Nueva York. Las chicas iban a la iglesia para agradar a su padre, mis amigos iban a la iglesia para pasar tiempo con las chicas y entonces yo iba a la iglesia para sacarlos. ¡No me gustaban los cambios que estaba empezando a ver en ellos!

¿Qué pasó? Me llevé la sorpresa de mi vida. En aquella pequeña iglesia me encontré con el Dios que no estaba buscando y descubrí la verdad sobre Jesús, el Salvador y Mesías en quien yo nunca había creído. ¡Fui transformado! El amor de Dios desbarató mi resistencia y como respuesta a las oraciones secretas de unos pocos fieles, dejé atrás la vida asquerosa que había llevado. Mi padre estaba emocionado ante el cambio. Pero tenía un solo problema: "¡Somos judíos! Ahora que ya no usas drogas tienes que reunirte con el rabino y regresar a nuestras tradiciones". Así que comencé a conversar con el joven y estudioso rabino que acababa de convertirse en el líder espiritual de la sinagoga donde yo tuve el bar mitzvá.

Tengo que aprender hebreo

Yo sabía sin duda alguna que mi experiencia era real, pero ¿cómo podía responder a sus preguntas? ¿Qué podía decirle cuando él me decía que la traducción al inglés que yo estaba usando estaba equivocada y que una y otra vez los escritores del Nuevo Testamento malinterpretaron las Escrituras hebreas? Él podía leer el texto original. ¡Yo no podía! También me llevó a reunirme con los rabinos ultra ortodoxos del movimiento Lubavitch en Brooklyn quienes se especializaban en jóvenes judíos "desviados" como yo. Por mi parte, yo me sentía feliz de hablar de mi fe con estos hombres sinceros. Después de todo, yo leía la Biblia día y noche, memorizaba cientos de versículos, oraba durante horas y hasta estaba convenciendo a una testigo de Jehová de que su religión no era bíblica. Pero estos rabinos de Brooklyn tenían respuestas que yo nunca antes había escuchado. Y todos ellos podían leer y entender hebreo desde la infancia. ¡Yo apenas recordaba cómo pronunciar las letras! Además, ellos parecían tan judíos con sus largas barbas negras y todo lo demás. Su fe parecía tan antigua y auténtica. ¿Y la mía?

Así que empecé a estudiar hebreo en una universidad. Si mi fe estaba basada en la verdad, podría resistir este escrutinio académico. Si Jesús realmente era el Mesías judío, yo no tenía nada que temer. Las preguntas serias meritaban respuestas serias, y estaba decidido a seguir la verdad hasta dondequiera que me llevara, independientemente de las consecuencias.

> **Si Jesús realmente era el Mesías judío, yo no tenía nada que temer. Las preguntas serias meritaban respuestas serias...**

Poco a poco me convencí de que debía dedicarme a estudios académicos bíblicos y judíos. En un año de la universidad solo tomé clases de idiomas, seis para ser exacto: hebreo, árabe, griego, latín, alemán y Yiddish. ¡Tremenda fuga de talentos! Yo quería leer los textos importantes por mí mismo, en los idiomas originales, sin la ayuda de nadie.

Pero la universidad no era suficiente. Para lograr mis metas era necesario ir a la escuela de postgrado. Allí yo podría estudiar los demás idiomas antiguos relacionados con las Escrituras hebreas, idiomas como el acádico (es decir, babilónico y asirio), ugarítico (de una ciudad importante al norte de Canaán), arameo, siriaco, fenicio, púnico, moabita, y la lista continúa. Cuando escribí mi tesis de doctorado, había estudiado unos 15 idiomas, algunos a gran profundad, otros solo de manera superficial. Obtuve mi título de doctorado en idiomas del Cercano Oriente en la Universidad de Nueva York.

Fundamentos incorrectos

Casi todos mis cursos fueron impartidos por profesores judíos y en el camino tuve también la oportunidad de hacer algunos estudios privados con varios rabinos. ¿Qué le pasó a mi fe? En realidad se hizo *más fuerte*. Al aprender más, quedé más convencido de que Jesús era el Mesías profetizado, el único cuya vida, muerte expiatoria, resurrección y regreso fue anunciado en las Escrituras hebreas. ¡Yo tenía respuestas convincentes para preguntas serias!

También descubrí algo inesperado: No era la fe del Nuevo Testamento la que estaba fundada sobre fundamentos incorrectos, ¡los fundamentos del *judaísmo rabínico* eran incorrectos! Fue el judaísmo rabínico y no la fe del Nuevo Testamento el que se desvió de la Biblia hebrea.

> **No era la fe del Nuevo Testamento la que estaba fundada sobre fundamentos incorrectos, ¡los fundamentos del *judaísmo rabínico* eran incorrectos!**

El judaísmo rabínico ni siquiera afirma estar basado en una interpretación literal de las Escrituras. En cambio, los rabinos dicen que su fe es la continuación de una cadena intacta de *tradiciones* que se remontan a Moisés y los profetas. Este es un aspecto crucial. Como veremos más adelante, no existe tal cadena intacta.

A menudo he escuchado a rabinos y anti-misioneros decir, con un tono un tanto despectivo, que sin Cristo no habría cristianismo (o que sin Mesías no habría judaísmo mesiánico), mientras que el judaísmo puede existir sin el Mesías, a pesar de lo importante que dicha figura es para el pensamiento judío. Se afirma que el judaísmo es la religión de la Torá.

Por supuesto, estoy de acuerdo con que no pudiera haber

cristianismo sin Cristo, igual que no podría haber salvación sin un Salvador y no habría liberación sin un Libertador. Esto no constituye ningún problema. Nuestra fe se basa en la persona y obra del Mesías.

Pero la verdadera pregunta es la siguiente: ¿sobre qué fundamento se basa el judaísmo tradicional? El judaísmo que conocemos hoy no es tanto la religión de la Torá como *la religión de la tradición rabínica*. Sin tradición no habría judaísmo tradicional; sin los rabinos, no habría judaísmo rabínico. ¡Esto es muy importante! Para mucha de nuestra gente la tradición humana es más importante que la verdad bíblica.

Hace más de 20 años un rabino ortodoxo me dijo que yo estaba leyendo las Escrituras con lentes color de rosa. Es decir, que siempre malinterpretaría la Palabra independientemente de cuán sincero tratara de ser. No estaba viendo claramente. Mi visión estaba distorsionada.

> **Hace más de 20 años un rabino ortodoxo me dijo que yo estaba leyendo las Escrituras con lentes color de rosa.**

Eso fue tremenda acusación y la tomé muy en serio. Yo estudiaba la Palabra desde todos los ángulos posibles, me preguntaba si las demás interpretaciones eran correctas, desafiaba las respuestas cristianas convencionales con las que yo estaba familiarizado. Ahora, casi un cuarto de siglo después, puedo decir honestamente que son los judíos religiosos, a pesar de su sinceridad y su devoción, quienes leen la Biblia con lentes de color. Ellos serán los primeros en decirle que *la Biblia solo dice lo que los sabios les dicen a ellos que dice.*

¿Quiénes son ellos para discrepar con los grandes maestros judíos del pasado? ¿Quiénes son ellos para no estar de acuerdo con los famosos comentarios rabínicos del medioevo? ¿Cómo es posible que ellos puedan romper con las tradiciones que aprendieron de sus padres? "A fin de cuentas, ¿qué puedo saber yo? Mi padre lo aprendió de su padre, quien lo aprendió de su padre, quien lo aprendió de su padre, etc., hasta llegar a Moisés. ¿Me está usted diciendo que ellos lo inventaron? ¿Me está usted diciendo que los engañaron? ¡Cómo se atreve a cuestionar nuestras tradiciones sagradas!"

Y así el mito de una cadena intacta que data de Moisés ha impedido que muchos judíos lean la Biblia por su cuenta. Ese es el quid del asunto.

El juego del teléfono

El judaísmo rabínico cree que Dios le dio a Moisés una Ley Escrita (que se encuentra en la Torá, los cinco libros de Moisés). Pero se nos dice que la mayoría de los mandamientos de la Ley están redactados brevemente, que son afirmaciones generales, algo como el encabezamiento en los párrafos de un libro. Necesitan interpretación. Necesitan ser ampliados y explicados. Entonces, según la creencia tradicional, Dios también le dio a Moisés una Ley Oral que interpretaba la Ley Escrita. Entonces Moisés se la transmitió a Josué, quien se la transmitió a los 70 ancianos líderes de su generación, quienes la transmitieron a los profetas de las próximas generaciones.

Y así sucedió pero no sin muchas tradiciones. Esto es porque los rabinos enseñan que la Ley Oral siguió creciendo ya que en cada generación se desarrollaron nuevas tradiciones y surgieron nuevas situaciones que demandaban nuevas aplicaciones de la Ley.

Dos siglos después de la época de Jesús esta Ley Oral era tan voluminosa y compleja que fue necesario escribirla para que no se olvidara (así es, lo esencial de la Ley *Oral* ahora estaba *escrito*). Esto se convirtió en la Mishná que luego se amplió a lo que se llegó a conocer como el Talmud en los siglos siguientes. Después de eso, según la creencia rabínica, aquellos que estudiaron el Talmud siguieron desarrollando y transmitiendo la Ley Oral a cada generación subsiguiente. *Todo judío religioso cree con todo su corazón que es imposible comprender las Escrituras o seguir la Ley de Dios sin estas tradiciones orales.*

¿Y qué sucede cuando a un judío ortodoxo se le acerca un judío que cree en Jesús? Al creyente se le considera un principiante ignorante y sus interpretaciones son despreciadas: "¡Nosotros tenemos una tradición intacta que data de Moisés! ¿Cómo te atreves a discrepar con nosotros! ¡Cómo te atreves a enseñarnos!" Sí, la tradición encierra un gran peso. Y puede impedir que las personas piensen por sí mismas. (¡Me resulta divertido, por no decir otra cosa, cuando los judíos ortodoxos me dicen que a mí *me* han lavado el cerebro!)

¿Qué sucede cuando a un judío ortodoxo se le acerca un judío que cree en Jesús? Al creyente se le considera un principiante ignorante y sus interpretaciones son despreciadas...

Ahora usted puede comprender mejor por qué tantos judíos con los que los creyentes tratan de dialogar dicen inmediatamente: "Tengo que preguntarle a mi rabino. Él me dirá lo que ese versículo significa realmente. Él lo buscará en sus libros". Mire, el judío rabínico cree que mientras más lejos usted se remonte en el tiempo, más cerca estará de la revelación original en el Monte Sinaí (algo así como el antiquísimo juego del "teléfono"). Y la tradición talmúdica enseña que desde los días de Moisés estamos en un descenso espiritual constante. ¡Con más razón tenemos que depender de los puntos de vista de las generaciones anteriores! Ellos estuvieron más cerca de aquellos que recibieron la revelación original, y ellos estaban en un plano espiritual superior. Ellos nos pueden decir lo que significa la Escritura. ¡Mira quién habla de leer la Biblia con lentes de color!

¿Son verdad las tradiciones?

Alguien pudiera preguntar: "¿Pero cómo puede usted estar tan seguro de que las tradiciones no son verdad? ¿Por qué usted dice que no ofrecen las interpretaciones correctas?" Las respuestas son sencillas: 1) Se otorgan una autoridad que las Escrituras nunca les dieron. 2) Le conceden a la voz de la razón terrenal un plano superior a la palabra profética del cielo. 3) Contradicen el significado simple de las Escrituras. 4) En ocasiones incluso contradicen la voz de Dios. 5) *No* hay evidencia bíblica de una cadena de tradición intacta y *mucha* evidencia en su contra.

Antes de darle algunos ejemplos, quiero que entienda que esto no es cuestión de encontrar pequeñas contradicciones ni dificultades interpretativas. No. Aquí los asuntos tratan con la misma esencia del judaísmo tradicional, una religión que se sustenta o se cae sobre sus tradiciones.

La pregunta que todo judío honesto debiera hacerse es:

¿Y si la Biblia dice una cosa y mis tradiciones dicen otra? ¿Seguiré a Dios o seguiré al hombre?

No es cuestión de si estos líderes judíos eran hombres malvados y engañadores. La mayoría de ellos eran fervientes en su fe. Buscaban llevar vidas buenas y agradar al Señor. Pero ¿tenían razón? ¿Sus tradiciones realmente provenían de Dios o tuvieron su origen en el hombre? Analicémoslo cuidadosamente. Ninguno de los ejemplos siguientes ha sido tomado fuera de contexto en ningún sentido. Son claros y directos.

Primero, veamos lo que el judaísmo tradicional dice de sí mismo. Según H. Chaim Schimmel, un erudito ortodoxo contemporáneo, el pueblo judío *"no sigue la palabra literal de la Biblia*, ni nunca lo han hecho. Ellos han sido formados y gobernados por la interpretación verbal de la palabra escrita..."[1]

Como expresara el rabino Z. H. Chajes, una autoridad destacada del siglo XIX, el Talmud indica que las palabras "que se transmitieron oralmente" por Dios son "más valiosas" que las que se transmitieron por escrito.

> Chajes va tan lejos que llega a decir que la lealtad a la autoridad de la tradición rabínica oral es obligatoria para todos los hijos de Israel.... Y el que no se adhiera a la Ley no escrita y a la tradición rabínica no tiene derecho a compartir la herencia de Israel....[2]

¿Cómo puede afirmarse algo así? Los rabinos sostienen que *es la misma Biblia* la que les da la autoridad exclusiva para interpretar la Torá y desarrollar leyes nuevas. Encuentran apoyo para esto en Deuteronomio 17:8-12, probablemente el texto de la Biblia más importante para el judaísmo rabínico. Esto es lo que dicen los versículos:

Cuando alguna cosa te fuere difícil en el juicio, entre una clase de homicidio y otra, entre una clase de derecho legal y otra, y entre una clase de herida y otra, en negocios de litigio en tus ciudades; entonces te levantarás y recurrirás al lugar que Jehová tu Dios escogiere; y vendrás a los sacerdotes levitas, y al juez que hubiere en aquellos días, y preguntarás; y ellos te enseñarán la sentencia del juicio. Y harás según la sentencia que te indiquen los del lugar que Jehová escogiere, y cuidarás de hacer según todo lo que te manifiesten. Según la ley que te enseñen, y según el juicio que te digan, harás; no te apartarás ni a diestra ni a siniestra de la sentencia que te declaren. Y el hombre que procediere con soberbia, no obedeciendo al sacerdote que está para ministrar allí delante de Jehová tu Dios, o al juez, el tal morirá; y quitarás el mal de en medio de Israel.

Lo que Moisés dice claramente es que en cada generación los sacerdotes levíticos y el "juez" que rija en Jerusalén funcionarían como una especie de Tribunal Supremo, un tribunal final de apelaciones, como los que existen hoy en muchos países del mundo, incluyendo Israel y los Estados Unidos. Este tribunal sería responsable de resolver las disputas con respecto a varios asuntos legales como el homicidio, la ley civil y los asaltos. ¡Y ya! El texto no da autoridad ninguna para que las generaciones siguientes de rabinos del mundo (¿dónde siquiera se mencionan los rabinos?), ni le da a *nadie* autoridad para decirles a todos los judíos cuándo orar, qué orar, cómo matar su ganado, qué creer con relación al Mesías, cuándo visitar a los enfermos, si una persona puede o no escribir durante el Sabbath, etc., etc. ¡Nada de eso! Sin embargo, es basado en este pequeño texto que los sabios han sacado tanto poder.

En cuanto al versículo 11, que dice: "Según la ley que te enseñen, y según el juicio que te digan, harás; *no te apartarás ni a diestra ni a siniestra de la sentencia que te declaren*", la interpretación del comentarista Nachmanides del siglo XIII decía que su significado era: "Incluso si te parece que ellos están cambiando la 'derecha' en 'izquierda'...te toca a ti pensar que lo que ellos dicen que es la 'derecha' es la 'derecha'".[3] ¿Por qué? Porque el Espíritu de Dios está en ellos y el Señor impedirá que cometan errores y que tropiecen. ¡Esa afirmación es muy atrevida! Si los sabios te dicen que la izquierda es la derecha, tienes que seguir a los sabios. Vamos a ir un poco más allá. ¿Qué si 1,000 profetas del calibre de Elías y Eliseo le dicen que la Torá significa una cosa pero 1,001 sabios le dicen que significa otra cosa? ¿A quién seguirá usted? Maimónides, el erudito judío medieval más influyente es categórico: "La decisión final es acorde con los 1,001 sabios".[4] Sí, el Talmud incluso enseña que si el mismo Elías discrepaba con la *tradición* rabínica o con una *costumbre* imperante del pueblo, no una ley bíblica como tal sino simplemente una tradición o costumbre relacionada con dicha ley, entonces no debe ser seguido.[5]

"Pero, eso en parte tiene razón", podría decir usted. "¿No debemos seguir el significado claro y evidente de la Biblia incluso si algún profeta dice que Dios le dijo lo contrario?"

Claro que sí. Pero *no* era eso lo que decía Maimónides. En realidad él planteaba que si alguien como Elías favorecía el significado claro y evidente de las Escrituras en lugar de la tradición rabínica, había que seguir a la tradición.

Así que, incluso un profeta, respaldado por Dios y siguiendo el claro sentido de la Biblia tiene menos peso que la tradición rabínica. Y los sabios, por una mayoría de uno, valen más que gente como Elías y Eliseo cuando se trata de interpretar la Ley. ¿Están más claras las cosas ahora?

Más peso: ¿los rabinos o Dios?

Pero eso no termina ahí: ¡Una decisión legal tomada por la mayoría de los sabios *tiene más peso incluso que la voz de Dios!* Según una de las historias más famosas del Talmud (Baba Mesia 59b), hubo una disputa entre el rabino Eliezer el Grande y los sabios sobre si un tipo de horno estaba limpio conforme a los ritos o no. Él respondió a cada uno de sus argumentos pero ellos se negaban a aceptar su decisión. El rabino Eliezer entonces recurrió a una serie de milagros para corroborar su decisión: Si la Ley está de acuerdo conmigo, entonces que este algarrobo sea arrancado de raíz, que esta corriente de aguas deje de fluir; que las paredes de esta casa de estudios se caigan. Increíblemente, el Talmud enseña que cada milagro ocurrió, pero aún así los demás rabinos se negaron a cambiar de parecer.

Por fin el rabino Eliezer clamó al mismo Dios para verificar su posición. De inmediato vino una voz del cielo que decía: "¿Por qué están molestando al rabino Eliezer? Él siempre tiene la razón en las decisiones legales". A lo que el rabino Josué exclamó: "¡Ya no está en el cielo!" Es decir, ya que la Torá fue dada en el monte Sinaí (y por lo tanto ya no está "en el cielo"), las decisiones legales deben tomarse solo en base al razonamiento humano y las deducciones lógicas. Punto. Como expresara el rabino Aryeh Leib, una autoridad legal: "Que la verdad emerja de la tierra. Que la verdad sea según los sabios decidan con la mente humana".[6]

Y entonces, si Dios habla, como lo hizo aquí, los sabios pueden (¡y deben!) anularlo a Él si no están de acuerdo con su interpretación. ¿Cuál era la base de una postura tan increíble? El Talmud cita las últimas tres palabras de Éxodo 23:2 y las interpreta de esta manera: "Sigue a la mayoría". ¡Pero el texto dice justo lo contrario! Solo lea el versículo completo. El significado está claro: "*No* sigas a la mayoría." Hasta J. H. Hertz, el antiguo rabino jefe de Inglaterra, escribió: "Los rabinos hicieron caso omiso al significado literal de las últimas tres palabras hebreas y las tomaron para dar a entender que, excepto cuando sea "para hacer mal", uno debe seguir a la mayoría".[7]

¡Y ese es el apoyo de ellos para negar y no tener en cuenta la voz de Dios! Un versículo que dice: "No sigas a la mayoría" fue seccionado y vuelto a interpretar de manera que dijera: "Sigue a la mayoría" y, de esta manera, Dios fue anulado. Casi nos deja sin habla.

¿Pueden los rabinos cambiar la Torá?

Asombrosamente, el texto talmúdico continúa diciendo que Elías después informó a los rabinos que Dios se rió del incidente y dijo: "¡Mis hijos me han derrotado!" ¡Y después dicen que "la mayoría decide"! No solo es verdad que 1,000 profetas que siguen el claro sentido de la Escritura no tienen chance frente a 1,001 sabios sino que ¡Dios mismo tampoco tiene chance ni siquiera en contra de dos sabios si ellos no están de acuerdo con él! ¿Tenía usted idea de que el poder de la tradición y la autoridad humana llegaran tan lejos?

> **No solo es verdad que 1,000 profetas que siguen el claro sentido de la Escritura no tienen chance frente a 1,001 sabios sino que ¡Dios mismo tampoco tiene chance ni siquiera en contra de dos sabios si ellos no están de acuerdo con él!**

No es que estos rabinos fueran arrogantes o irreverentes. Ellos sencillamente creían que el deber que Dios les había dado era interpretar y hacer leyes y, con el paso del tiempo, llegaron a creer que sus tradiciones eran sagradas. Ellos incluso decían tener el derecho de *cambiar* las leyes bíblicas si era necesario. ¿Cuál era su basamento bíblico para esto? El Salmo 119:126: "Tiempo es de actuar, oh Jehová, Porque han invalidado tu ley". A lo que usted pudiera decir: "No entiendo. ¿Qué tiene que ver ese versículo con cambiar la Ley?" Nada. Pero se volvió a interpretar totalmente (de hecho, a *malinterpretar totalmente*) para que dijera: "A veces, para actuar por el Señor, es necesario disolver sus leyes".[8] No estoy bromeando. No es de extrañarse entonces que a veces el Talmud acredite a los sabios el "desarraigar la Escritura" con sus interpretaciones?[9] Esto es algo que vale la pena recordar la próxima vez que alguien trate de decirle que Jesús y Pablo andaban libremente quebrantando las leyes y cambiándolas.

¿Y dónde dicen los rabinos que la propia Biblia hace referencia a la Ley Oral? Un texto clave está en Éxodo 34:27:

Y Jehová dijo a Moisés: Escribe tú estas
palabras; porque conforme a estas palabras he
hecho pacto contigo y con Israel.

¿Qué tiene que ver este versículo con la Ley *Oral*? ¡Nada en lo absoluto! El contexto habla de leyes *escritas*.

¿Cómo es que los autores del Talmud encuentran aquí una referencia a la Ley *no escrita*? Primero, no citaron el comienzo del versículo ("*Escribe* tú estas palabras"). Entonces se dieron cuenta de que la frase hebrea que se tradujo "conforme a" ('*al pî*) se acercaba mucho a la frase hebrea para "oral" ('al peh). Entonces el versículo se entendió como si dijera: "Escribe estas palabras, porque sobre el testimonio de estas palabras he hecho pacto contigo y con Israel". Pero eso no es lo que dice el hebreo, como le diría de una vez cualquier traducción judía confiable de la Biblia. Un juego de palabras es una cosa, el significado real es otra.

¿Y cómo fue que Rashi, el más grande de todos los comentaristas judíos de la Biblia manejó el claro significado de este versículo, que el pacto estaba basado en la Palabra escrita? Él interpretó que "Escribe tú estas palabras" significa "*estas palabras solamente*" y explicó que "no se permite escribir las palabras de la ley Oral".[10] Entonces, Dios dice: "¡Escribe!" pero la tradición dice: "¡No lo escribas todo!" Dios hace su pacto con Israel en base a lo que se transmitió mediante la escritura; el Talmud dice que la verdadera esencia del pacto estaba basada en lo que se transmitía oralmente. ¿Y no resulta raro que un texto bíblico que claramente enfatiza la *Ley Escrita* fuera utilizado por el Talmud para señalar hacia la *Ley Oral* en base solo a un juego de palabras? ¡Qué manera de agarrarse de un clavo ardiendo!

La ausencia total de cualquier mención de una Ley Oral

en la Biblia hebrea es un enorme contraste con las frecuentes referencias a la naturaleza vinculantes de la Ley Escrita que se encuentra a lo largo de las Escrituras. Solo lea versículos como Deuteronomio 31:24-26:

> *Y cuando acabó Moisés de escribir las palabras de esta ley en un libro hasta concluirse, dio órdenes Moisés a los levitas que llevaban el arca del pacto de Jehová, diciendo: Tomad este libro de la ley, y ponedlo al lado del arca del pacto de Jehová vuestro Dios, y esté allí por testigo contra ti.*

Existen muchos otros versículos que dicen lo mismo como por ejemplo: Éxodo 24:7-8; Deuteronomio 17:14-20; 28:58-59; 30:9-10; Josué 1:8; 23:6; Primero de Reyes 2:1-3; Segundo de Reyes 22:13; 23:3,21; Primero de Crónicas 16:39-40; Segundo de Crónicas 30:5; 31:3; 35:26-27; Esdras 3:2-4; 6:18; Nehemías 10:28-29; 13:1; y Daniel 9:13. Le exhorto a que busque estos versículos y los lea detenidamente. ¿Por qué no se menciona nunca la Ley Oral?[11]

Y si hubiera tal cadena autorizada de interpretación, ¿por qué hay tantos desacuerdos con respecto a la Ley en prácticamente todas las páginas del Talmud? Uno casi pudiera decir que el Talmud consiste en desacuerdos y debates sobre la interpretación y la aplicación de la Ley. ¿Y por qué los grandes comentarios rabínicos difieren en el significado de cientos y cientos de versículos bíblicos? ¿Dónde está la cadena de tradición autorizada?

> **Y si hubiera tal cadena
> autorizada de interpretación,
> ¿por qué hay tantos desacuerdos
> con respecto a la Ley en
> prácticamente todas las
> páginas del Talmud?**

No, Dios no le dio a Moisés una Ley Oral en el monte Sinaí. La primera mención siquiera del *concepto* de tal tradición oral obligatoria ocurre más de 1,400 años después de Moisés. Es más, muchos de los grupos judíos que existían en los tiempos de Jesús, como los saduceos y los esenios, no creían en tal tradición. Esa era una doctrina inconfundible de los fariseos. ¿Por qué? Porque fueron ellos los que inventaron la idea de una cadena intacta de tradición oral obligatoria poco antes de que Jesús viniera al mundo. Y a medida que transmitieron sus tradiciones exclusivas a sus sucesores, las nuevas generaciones comenzaron a decir: "Nosotros no inventamos estas cosas, las heredamos. Nuestros padres nos las transmitieron. Datan de muchos años...hace mucho...desde que tenemos memoria...se remontan a Moisés". ¡No necesariamente!

Que sea dicha la verdad. No hubo Ley secreta dada a Moisés de palabra ni que se les transmitiera oralmente a los profetas y líderes bíblicos. De hecho, nuestros antepasados a veces se olvidaron de la *Ley Escrita* (lea Segundo de Reyes 22 donde hay un ejemplo clásico de esto). Una *Ley Oral* no hubiera tenido chance. Y no hay ni un solo ejemplo en las Escrituras donde alguien alguna vez haya sido castigado, reprendido o se le haya pedido cuentas por quebranta alguna mal llamada *tradición* obligatoria. Eso es porque no había ninguna tradición que romper. Solo se consideraban pecaminosas las violaciones de la Palabra escrita.

La verdad

Ahora llegó el momento de escuchar esa Palabra. La Torá nos dice que dondequiera que nosotros los judíos estemos, incluso esparcidos por el mundo entero "si desde allí buscares a Jehová tu Dios, lo hallarás, si lo buscares de todo tu corazón y de toda tu alma" (Deuteronomio 4:29). Jeremías el profeta dio el mismo mensaje: "y me buscaréis y me hallaréis, porque me buscaréis de todo vuestro corazón" (Jeremías 29:13). Y el libro de Proverbios dice:

> *Fíate de Jehová de todo tu corazón,*
> *Y no te apoyes en tu propia prudencia.*
> *Reconócelo en todos tus caminos,*
> *Y él enderezará tus veredas.* (Proverbios 3:5-6).

Dios no le va a defraudar, si usted busca su verdad sinceramente. ¿Por qué no se humilla y le pide ayuda? Hay un lugar para la razón y el debate racional y también hay un lugar para buscar a Dios. ¡Ambos van de la mano! Pero el Señor se resiste a aquellos que son sabios en su propia opinión. Estudie la Palabra *y* busque a Dios. No quedará decepcionado.

Cuando Moisés y los profetas no podían entender cómo interpretar o aplicar la Ley, oraban y le pedían a Dios la respuesta. ¡Y Dios les mostró qué hacer![12] ¿Por qué no imitarlos? ¿Por qué ser más inteligente que Moisés y los profetas y tratar de descubrirlo todo por sí mismo?

Pídale a Dios que le guíe a la verdad.

Estudie, sí, a toda costa. ¡Pero pídale a Dios que abra sus ojos cuando lo haga! (Así fue como oró el salmista exactamente en el Salmo 119:18.) Pídale a Dios que le guíe a la verdad.

No es que los rabinos tuvieran malas intenciones. Realmente creían en lo que hacían y a menudo hay belleza y sabiduría en sus palabras. Ellos estaban realmente comprometidos con sus tradiciones y a través estas tradiciones trataban de unir al pueblo de Israel. Pero, aunque puede que las tradiciones nos hayan unido, más que nada nos han amarrado. Hoy usted puede ser libre.

"Dijo entonces Jesús a los judíos que habían creído en él: Si vosotros permaneciereis en mi palabra, seréis verdaderamente mis discípulos; y conoceréis la verdad, y la verdad os hará libres" (Juan 8:31-32).

Comentario de Sid Roth

Cuando era niño no oí hablar mucho del Mesías. En nuestra celebración de la Pascua abríamos la puerta para que Elías anunciara al Mesías, pero los adultos veían ese evento como un cuento de hadas, algo así como la versión judía de Papá Noel. Cuando crecí me di cuenta de que era solo algo "fingido" pero le seguí la rima a la farsa por los niños pequeños y por la "tradición".

En cada Pascua leíamos el Salmo 118:22: "La piedra que desecharon los edificadores ha venido a ser cabeza del ángulo". Ahora sé que la cabeza del ángulo que nosotros los constructores (el pueblo judío) rechazamos es el Mesías. No es de extrañar que Elías nunca viniera a nuestra celebración Pascual. El Mesías ya había venido a morir en la Pascua. Isaías 53:7 dice que él "como cordero [pascual] fue llevado al matadero".

El nombre "Pascua" viene de Éxodo 12:13:

> *Y la sangre os será por señal en las casas donde vosotros estéis; y veré la sangre y pasaré de vosotros, y no habrá en vosotros plaga de mortandad...*

Pero, ¿por qué era necesaria la sangre? Levítico 17:11 dice:

> *Porque la vida de la carne en la sangre está, y yo os la he dado para hacer expiación sobre el altar por vuestras almas; y la misma sangre hará expiación de la persona.*

Es decir, un sacrificio de sangre era el único sustituto aceptable para expiar el pecado. Durante la primera Pascua la sangre debía ser aplicada a los dinteles de las puertas. Después, bajo el pacto mosaico había que sacrificar un animal en el templo, en el altar (véase Levítico 1:11).

Es por eso que leemos en el Talmud, Yoma 5a, que no puede haber Yom Kippur sin sangre. Ya que el templo fue destruido en el año 70 A.D., *no ha habido sacrificios en el templo para el perdón de pecados.*

De hecho *40 años antes* de que el templo fuera destruido, los rabinos de la antigüedad reconocieron señales sobrenaturales siniestras de que Dios ya no aceptaba los sacrificios de animales que se ofrecían (Yoma 39a,b). *Ese fue el año en que Jesús murió por nuestros pecados.*

Hasta Daniel, el profeta judío, dijo que nuestro Mesías vendría y moriría, no por sus propios pecados sino por los nuestros *antes* de que el templo fuera destruido (véase Daniel 9:26).

¡El verdadero judaísmo requiere la sangre expiatoria de Jesús!

Ya que hoy no tenemos templo, o nuestros pecados no pueden ser expiados o Dios ya envió su Mesías.

¿De quién habla esta oración del Yom Kippur que aparece en un libro judío tradicional de oraciones?

Nuestro justo ungido se ha ido de nosotros: el horror se ha apoderado de nosotros, y no tenemos quién nos justifique. Él ha llevado el yugo de nuestras iniquidades y de nuestra transgresión, y por nuestra transgresión es herido. Él llevó nuestros pecados en su hombro, para poder encontrar el perdón por nuestras iniquidades. Seremos sanados por su herida en el momento en que el Eterno lo cree como una nueva criatura.[13]

Notas

1. Schimmel, H. Chaim, *The Oral Law: A Study of the Rabbinic Contribution to Torah She-Be-Al-Peh* [La ley oral: Un estudio de la contribución rabínica She-Be-Al-Peh], edición revisada, Feldheim, Jerusalén, Nueva York, NY, 1987, cursivas del autor.

2. Chajes, Z.H., *The Student's Guide Through the Talmud* [Guía del estudiante a través del Talmud], traducción y edición de Jacob Schacter, Feldheim, Nueva York, NY, 1960), 4.

3. Véase Nachmanides para Deuteronomio 17:11 y también el Talmud babilónico, Baba Batra 12a.

4. Véase la introducción de Maimónides a su comentario sobre la Mishná.

5. Véase nuevamente la introducción de Maimónides a su comentario sobre la Mishná y también el Talmud babilónico, Yebamot 102a.

6. Véase la introducción a su *Ketzot HaHoshen* sobre *Hoshen Mishpat* en *Shulhan Arukh*.

7. Hertz, Dr. J.H., *The Pentateuch and Haftorahs* [El Pentateuco y la Haftorahs], Soncino, Londres, 1978, 316. El único problema verdadero es si traducir la palabra hebrea rabbîm en este versículo como "muchos" o "poderoso". (El pasaje talmúdico en Baba Mesia 59b, por supuesto, entendió que la palabra quería decir "muchos", es decir, la mayoría.) De cualquier manera no puede disputarse el significado: ¡*no siga* a la *rabbîm*!

8. Véase el Talmud babilónico, Berakot 54a.

9. Véase, por ejemplo, el Talmud de Jerusalén, Kiddushin 1:2, 59d; el Talmud babilónico, Sotah 16a, con los comentarios de Rashi sobre las palabras *'oqeret y halakah.*

10. Véase también Gittin 60a en el Talmud babilónico.

11. Es posible que un judío rabínico pudiera señalar a Nehemías 8:8, el único versículo que menciona que los levitas aclaraban la ley según se iba leyendo. Esto significa o que la traducían a un idioma más comprensible (probablemente al arameo para los exiliados) o que explicaban su significado. Este, por supuesto, era el papel de los sacerdotes y los levitas: educar al pueblo en la Torá (véase Levítico 10:10-11). Pero, repito, establecer una relación entre este versículo y una supuesta cadena intacta de tradición obligatoria es hacer una montaña de un grano de arena. También el contexto deja muy claro que el foco de atención y autoridad estaba en la Palabra escrita solamente, como se enfatiza en los muchos versículos ya citados. El resto de Nehemías 8 también nos muestra que el pueblo judío entonces hizo lo que la Ley les decía, literalmente, que hiciera sin que se le añadiera ninguna tradición ni interpretación extra. Y por tanto Nehemías 8:15 dice que los judíos siguieron lo que estaba escrito en Levítico 23:37-40. Es obvio que ellos no tenían idea de que más adelante el Talmud afirmaría que Levítico 23 no se podía comprender sin todo tipo de interpretaciones especiales y tradiciones específicas.

12. Ver, por ejemplo, Levítico 24:10-23; Números 9:1-14; 15:32-36; 27:1-5; Zacarías 7.

13. *Form of Prayers for Day of Atonement* [Tipos de oraciones para el día de la expiación], edición revisada, Rosenbaum and Werbelowsky, Nueva York, 1890, 287-88.

Capítulo 8
por Randy y Tricia Horne

CAPÍTULO 8

No era para mí

Tricia: ¿Por qué Jesús tenía que morir por mis pecados? A pesar de ser criada en el catolicismo, este concepto era extraño para mí. Todo el mundo sabe que si uno es una buena persona, irá al cielo cuando muera. Entonces, ¿por qué Jesús tenía que morir? Parecía raro. No encajaba en el carácter de Dios, ¿o sí? Ya que yo tenía muy poco conocimiento de las escrituras hebreas, la muerte de Jesús a cambio de nuestra salvación no tenía mucho sentido para mí. Pero Dios estaba a punto de usar a un joven judío llamado Randy para llevarme a una relación con Él.

Cuando yo conocí a Randy estaba en un período de buscar a Dios para encontrar respuestas. Las dos preguntas que me molestaban más eran: ¿Por qué yo tenía un terrible dolor de espalda? ¿Y por qué Dios no respondía mis oraciones y la sanaba? Yo iba a misa, oraba, leía el boletín donde se publica la misa, y obviaba todas las oraciones tradicionales para llegar a la Palabra de Dios. Sabía que las Escrituras eran lo real, aquello sobre lo cual debía basarse la iglesia. Pero yo me arrodillaba, me ponía en pie, hacía una genuflexión, me bendecía y todas las demás cosas religiosas por respeto.

> **Lo menos que yo imaginaba era que mi madre (una creyente silenciosa) había estado escuchando habitualmente a un programa radial llamado Visión Mesiánica.**

¿Qué tenía que ver Randy con todo esto? Lo menos que yo imaginaba era que mi madre (una creyente silenciosa) había estado escuchando habitualmente a un programa radial llamado *Visión Mesiánica*. Un día Sid Roth, el conductor del programa, dijo en el aire: "El judío que Dios ha puesto en tu vida no es casualidad". Mi madre pensó: *Qué bien, pero yo no conozco a ningún judío tan de cerca.* En cuestión de semanas le dije que había conocido a un muchacho judío muy agradable. Enseguida ella se acordó pero no me dijo nada en ese momento. Después de que llevábamos siete u ocho meses de novios, le dije a mi madre que no sabía cómo podíamos pensar en el matrimonio si Randy era judío y yo católica. Ella sugirió que visitara la congregación judía mesiánica de la localidad y que comenzara a escuchar el programa de Sid Roth. Cuando ella me explicó quién era Sid, yo pensé: *Un judío que cree en Jesús. Eso sí que es fuera de lo común.* Pero, ¿realmente lo era? Pablo, Pedro, Mateo, Marcos, Juan, Esteban, ¿qué eran esos hombres? ¿Protestantes? ¿Católicos? ¿Ortodoxos griegos? *No.* Todos eran *judíos. Está bien, voy a escuchar el programa de camino al trabajo,* pensé yo. A fin de cuestas, este arreglo podría funcionar para ambos. Tal vez Randy podría ser uno de esos judíos que cree en Jesús.

Jesús, ¿tú me amaste tanto?

Así que empecé a escuchar testimonio tras testimonio de judíos y gentiles tocados por el poderoso amor de Dios. Yo lloraba, no me aburría. Tenía sed de la verdad, de Dios. Mandé a buscar grabaciones, testimonios y Biblias. Todo era maravilloso. Comencé a sentirme convencida del pecado en mi vida. De repente la profundidad y el peso fueron enormes. Yo sabía que necesitaba perdón, mi pecado se interponía entre Dios y yo.

Al mismo tiempo escuchaba a Sid y a otros hablar del plan de Dios para la salvación. Desde el comienzo Dios exigía una expiación, un sacrificio por los pecados del hombre. El sistema de sacrificios de Israel en el Antiguo Testamento era un anuncio de la expiación de Jesús por mis pecados. ¡Tremendo! No hay nadie justo, ni uno; todos nos descarriamos, cada cual cogió por su propio camino, pero Dios ha puesto nuestra iniquidad en Jesús (véase Isaías 53:6). Esta manera es mejor, más excelente que el sistema de sacrificios del templo porque nos lleva a una relación con Dios.

> **Esta manera es mejor, más excelente que el sistema de sacrificios del templo porque nos lleva a una relación con Dios.**

¿Jesús me amó tanto así? Un día en el carro, mientras escuchaba *Visión Mesiánica* de camino al trabajo, clamé a Dios y le pedí que me perdonara. Así que empecé mi nueva vida con Dios. No podía dejar de pensar en él; quería todo cuanto pudiera absorber. Por la religión yo conocía de Él e incluso creía en Él, pero ahora lo *conocía*. ¡Qué gran diferencia!

Por el contrario, a Randy no parecía importarle ni siquiera si Él existía. ¿Realmente podríamos casarnos así? ¿Adónde debía acudir en busca de consejo?

La fuente que compartió el evangelio conmigo por primera vez parecía un buen punto de partida. Al ser una creyente nueva con mucha chutzpah [valentía, nota del traductor], llamé a Sid y le conté mi situación. Él dijo: "No, no puedes casarte con este hombre pero puedes seguir orando para que Dios le muestre la verdad". Eso respondió mi pregunta.

¿Qué estaba haciendo Dios en la vida de Randy?

Randy: Yo me crié en un hogar judío reformado. Iba a una escuela hebrea tres veces por semana durante seis años, sobre todo para prepararme para mi bar mitzvá. Nuestra familia celebraba los días sagrados más por tradición que por guardar la Torá. Yo siempre me preguntaba: *¿Qué sentido tiene todo esto?* Tenía la impresión de que la mayoría de los presentes estaban allí porque era lo que los judíos hacían en esa fecha. La escuela hebrea no era algo que yo disfrutara; para mí era una carga peor que la escuela pública porque limitaba todas mis actividades extracurriculares.

> **No recuerdo haberme
> preguntado ni una sola vez
> si pensaba que Dios existía
> ni haberle preguntado
> a él quién era.**

Debí haber buscado respuestas a preguntas sobre quién era Dios y cómo se relacionaba con mi vida. Pero estaba tan absorto en los deportes, en quién *yo* era, adónde *yo* iba y cómo llegaría allí, que Dios nunca fue importante. No recuerdo haberme preguntado ni una sola vez si pensaba que Dios existía ni haberle preguntado a él quién era. Mi bar mitzvá fue un tiempo divertido. Recuerdo que estudié mucho para no tener ningún error. Logré mi deseo y lo pasé sin ningún fallo. No cometer ningún error era mucho más importante para mí que la ceremonia o cualquier otra parte del bar mitzvá. En mi familia el bar mitzvá era la cumbre de los estudios judíos de cada hijo. Una vez que uno pasaba esa puerta, ya no tenía que asistir a la escuela hebrea. Como familia todavía asistíamos juntos a los servicios de los días sagrados pero para mí seguía siendo algo vacío y carente de significado. Las preguntas más profundas que yo enfrentaba en esa época eran: *¿Por qué estoy en este servicio?* y *¿Cuándo puedo irme?*

Alguien estaba escuchando

Todo eso cambió el verano después de que terminé la universidad, mientras estaba de vacaciones en Cape Cod. Conocí a Tricia, a quien Dios usaría para cambiar mi vida de ser algo superficial a realmente interesarme en las personas.

Después de meses tratando de convencer a Tricia para que

cediera a mi forma, por fin entendí que era mucho más fácil si yo cedía a la de ella. Aunque Tricia era católica, lo único que eso quería decir para mí era que ella iba a la iglesia y yo no. Yo sabía muy poco de su religión. A estas alturas de mi vida yo no iba a ningún servicio religioso aparte de las cenas que mis padres celebraban en su casa durante las festividades judías. Mi comprensión de Dios no había cambiado, él no me molestaba a mí (o al menos eso creía yo), y yo no lo molestaba a él.

Cuando Tricia y yo empezamos a tomar más en serio nuestra relación, la religión se convirtió en un problema. Un viernes en la noche, en lugar de salir con mis amigos, ella sugirió que fuéramos a una congregación judía mesiánica. Yo quería negarme pero no quería dar la pelea, así que accedí.

El servicio era muy a lo judío pero diferente de todo lo que yo había experimentado. Yo nunca había presenciado la oración espontánea individual ni en grupo. Por la manera en que esta gente oraba era obvio que sabían que alguien estaba escuchando. La gente era agradable pero eso no era para mí.

> **Por la manera en que esta gente oraba era obvio que sabían que alguien estaba escuchando.**

No regresamos durante cinco meses. Hasta ese momento ninguno de nosotros había aceptado a Jesús como Señor y Salvador, aunque Tricia realmente estaba buscando. Entonces, en el verano de 1985, Tricia le entregó su vida al Señor. En septiembre ella me preguntó qué iba a hacer durante las festividades. Cuando le dije que no tenía planes ya que mi familia estaba celebrando en Nueva York con los parientes, ella sugirió que regresáramos a Ruach Israel para ver cómo era un servicio mesiánico en las festividades. Una vez más estuve de acuerdo.

En esta ocasión el servicio no me resultó desconocido. Algunas partes eran un tanto familiares, e incluso yo recordaba algunos cánticos. Tricia disfrutó el servicio tanto que quería que empezáramos a asistir de manera habitual. Formulamos un sistema en el que nos encontrábamos en un lugar a mitad de camino entre nuestros trabajos, estacionábamos uno de los autos y nos íbamos en el otro a las reuniones de los viernes en la noche. En muchas ocasiones yo trataba de convencerla de que luego de una larga semana de trabajo debíamos saltarnos el servicio e ir a algún lugar a relajarnos, pero era en vano. Ella respondía: "Puedes hacerlo, pero yo realmente quiero ir al servicio".

Luego de asistir durante varias semanas, pensé que mejor trataba de sacarle algún provecho, así que empecé a escuchar con más atención e incluso empecé a leer la Biblia. Antes de irme a la cama oraba a Dios y le pedía que se me revelara. A veces yo decía: "en el nombre de Jesús" para ver si pasaba algo. A medida que el tiempo transcurría, yo aprendía más acerca de Dios, pero todavía no tenía una relación con Él.

¡Mi cuello ha sido sanado!

Sid Roth vino a hablar al hotel Copley Place en Boston el sábado 26 de abril de 1986. Tricia le había estado escuchando ávidamente en la radio y ahora por supuesto, quería ir a su reunión. En mi mente ya habíamos ido al servicio el viernes por la noche y ahora ella quería arruinar el sábado también. Yo protesté. Ella insistió.

Fuimos a escuchar a este hombre hablar de cómo conoció a

Jesús y cómo Dios restauró su mente y su matrimonio. Yo pensaba que era interesante, pero había escuchado las mismas cosas antes en las grabaciones que Tricia me había dado. Casi al final de la noche llamó a varias personas que necesitaban ser sanadas que pasaran al frente. Tricia pasó al frente por su espalda y yo fui con ella. Parada junto a Tricia en el frente estaba una mujer que yo había conocido antes esa semana en una celebración de la Pascua. Yo sabía que ella no creía en Jesús. Después supe que la única razón por la que ella estaba allí era porque era el cumpleaños de su esposo y lo único que él quería era que ella fuera y escuchara a Sid. Esta mujer tuvo un accidente automovilístico grande y no podía mover el cuello. Usaba un aparato TENS en el cuello para estimular las terminaciones nerviosas y así ayudar con el dolor. Sid pasaba por la fila y oraba por las personas y, por supuesto, estas caían tal y como uno lo ve en la televisión. Cuando llegó a esta mujer y a Tricia, ellas no se cayeron y luego la próxima persona en la fila sí. Yo lo entendía muy bien. Él debía pagarles a estas personas para que se cayeran y yo sabía que ni Tricia ni esta mujer eran parte de eso.

Cuando Sid terminó de orar, dijo que había sentido que una persona fue sanada de manera sobrenatural, así que dijo a las personas que muy lentamente movieran la parte de su cuerpo que necesitaba sanidad y que comprobaran. Mis ojos se posaron en Tricia primero. Entonces vi a la mujer a su lado meneando el cuello y gritando: "¡Mi cuello! ¡Mi cuello! ¡Puedo mover el cuello!"

> **Aunque yo no entendía lo que estaba sucediendo, sabía que había encontrado la presencia de Dios y mi vida nunca más sería igual.**

En ese momento fue como si yo hubiera desaparecido porque empecé a llorar, no que se me salieron las lágrimas, sino llorar de verdad. Aunque yo no entendía lo que estaba sucediendo, sabía que había encontrado la presencia de Dios y mi vida nunca más sería igual.

Recuerdo que a la mañana siguiente me desperté, miré al techo y pensé que algo era diferente. Todo era igual, pero la manera en que yo lo veía era diferente 180 grados en comparación con la manera en que lo veía el día anterior. Después le pregunté a Tricia qué me había pasado la noche anterior que pudiera marcar tal diferencia. Ella dijo tranquilamente: "Tuviste una experiencia de nuevo nacimiento".

Comencé a leer la Biblia otra vez y vi que aquellos pasajes que antes no podía entender ahora tenían sentido. Yo era un hombre transformado. ¡Jesús era para mí!

Randy y Tricia se casaron el 18 de julio de 1987 en una hermosa ceremonia judía mesiánica. Ahora tienen dos hijos: Daniel Joseph, que nació el 4 de julio de 1990 y Joshua Michael que nació el 21 de noviembre de 1993 y los están criando para que amen y sirvan al Mesías de Israel. El Señor ha sanado la espalda de Tricia de manera significativa y ella lleva una vida normal libre de la agonía del dolor de espalda.

Comentario de Sid Roth

Randy y Tricia Horne son un ejemplo típico de las muchas parejas que tienen un matrimonio mixto. La comunidad judía ha hecho investigaciones que predicen que si los matrimonios mixtos y las tendencias de integración continúan, quedarán muy pocos judíos en Norteamérica.

No hay que preocuparse. Dios dice que mientras que esta tierra exista, habrá judíos en el sentido físico (véase Jeremías 31:35, versículo 36 en algunas versiones).

Yo veo algo mucho más profundo en la unión de un matrimonio judío y gentil. La unión de una sola carne entre Randy y Tricia refleja el shalom que nos hará a todos uno (judíos y gentiles) bajo el estandarte del amor del Mesías. Los rabinos dicen que Jesús es el Mesías de los gentiles y que nosotros los judíos todavía estamos esperando nuestro Mesías. Isaías 11:10 dice que de la raíz de Isaí (el padre de David) vendría el Mesías como una señal para los gentiles (naciones). Es decir, los gentiles seguirían al Mesías judío.

Nosotros los judíos creemos en un Dios y en un Mesías. Ahora bien, si los rabinos dicen que Jesús es el Mesías de los gentiles, ¡eso indica, por lógica, que Él es el Mesías judío!

Además, ¿cómo podemos tener paz en la tierra a menos que el mundo entero siga al mismo Mesías?

Ven pronto, Señor Jesús.

Capítulo 9
por Batya Segal

Capítulo 9

Bat Shalom: La hija de Sión

A principios del siglo pasado empezaron a circular rumores de que un estado judío estaba a punto de renacer en la tierra de nuestros antepasados. La emoción inundó a la comunidad judía en Yemen pues sentían que los días del Mesías llegarían pronto. Muchos judíos comenzaron a regresar a Sión. Se lanzaron en un viaje largo y peligroso por el desierto, dejando todo atrás excepto sus pertenencias imprescindibles y cargando a sus hijos en hombros. Tenían poca comida y bebida. Muchos sufrieron de agotamiento y muchos murieron, pero murieron llenos de esperanza y fe, sabedores de que regresaban a la tierra de sus antepasados.

A final de la década de 1930 mi padre salió de Yemen hacia Israel (entonces se llamaba Palestina), viajó en barco desde Yemen hasta Egipto, y de ahí en tren. La mayor parte de la familia había muerto o en Yemen o de camino a Israel. Al llegar a Israel mi padre se fue a vivir con el único hermano que le quedaba con vida. Por esa misma época, mi madre y su familia se establecieron en Jerusalén.

> **Después del resurgimiento de Israel, el nuevo gobierno se dio a la tarea de traer de regreso a los judíos del mundo entero.**

Durante la Guerra de Independencia en 1948 mi padre se unió a las fuerzas judías que luchaban por la supervivencia del recién nacido estado de Israel. Él sirvió en Ramat Rachel, a kibbutz justo al sur de Jerusalén. Después del resurgimiento de Israel, el nuevo gobierno se dio a la tarea de traer de regreso a los judíos del mundo entero. En 1950 un puente aéreo llamado *Operación Alfombra Mágica* trajo a casa en Israel a una gran parte de la comunidad judía yemenita en un breve período de tiempo. La mayoría ni siquiera había visto antes un avión. El rabino explicó, basado en Isaías 40:31, que Dios los llevaría *"en alas de águila"* lo cual disipó todo temor que pudieran tener de volar porque sabían, por las profecías, que eran llevados a casa para prepararse para los días de la redención.

Él oye tus oraciones

La comunidad judía israelí-yemenita en la que yo me crié era ortodoxa. Mis padres tenían un hogar *kosher* y eran estrictos en su observancia de la *Torá* (los cinco libros de Moisés). Ellos guardaban el *Shabbat* (sábado) y todas las festividades de Israel.

Cuando crecí fui a una escuela ortodoxa para niñas de nuestro barrio. Todas las mañanas orábamos como lo habían hecho nuestros antepasados durante dos mil años. En la escuela aprendíamos sobre el Mesías, quien vendría y redimiría al pueblo judío. Él revelaría al mundo que el Dios de Israel es el verdadero Dios que traerá paz a todas las naciones. Él se sentará en su trono en Jerusalén y gobernará al mundo con vara de hierro. Aunque aprendíamos esto, el énfasis de nuestra escuela estaba en el *Dinim*, las leyes y los mandamientos que teníamos que seguir como judíos ortodoxos. No era un tema que nos emocionara mucho. Yo no podía entender cómo me llevaría a una comprensión más cercana y profunda de Dios pero sabía, por el estudio de Isaías, el profeta judío, que los pensamientos de Dios eran más altos que mis pensamientos, así que no lo discutía.

> **Mi padre leía su Biblia todos los días cuando regresaba del trabajo. Él infundió en mí un amor y una fuerte fe en Dios y en su Palabra.**

La atmósfera en casa era cálida, amorosa y llena de música. Cuando nos reuníamos con la familia y los amigos los sábados, en las festividades y en las ocasiones especiales, cantábamos y orábamos según las tradiciones yemenitas.

Mi padre leía su Biblia todos los días cuando regresaba del trabajo. Él infundió en mí un amor y una fuerte fe en Dios y en su Palabra. Él me enseñaba: "No olvides nunca que Dios existe. Cada vez que lo necesites, por cualquier motivo, Él siempre está a tu lado para ayudarte. Busca a Dios porque Él escucha tus oraciones y Él conoce tus necesidades".

Todas las noches antes de irme a dormir, mi padre y yo citábamos juntos un pasaje de la Escritura que yo me sabía de memoria:

Sh'ma Yisrael, Adonai Elohenu, Adonai Echad. Ve-Ahavta Et Adonai Eloheicha Bechol Leva-vcha Uv'chol Nafshecha Uv'chol me-odech .... ["Oye, Israel: Jehová nuestro Dios, Jehová uno es. Y amarás a Jehová tu Dios de todo tu corazón, y de toda tu alma, y con todas tus fuerzas..."] (Deuteronomio 6:4-9).

Yo seguía esto de una conversación personal con Dios. Solía llevar delante de Él todas las cosas del día que me preocupaban y tenía la seguridad de que Él escuchaba mis oraciones y satisfacía mis necesidades. Yo sabía que Dios era mi Padre en el cielo, y lo amaba, pero había aspectos de su carácter: su justicia, su santidad, y su juicio, que yo no tendía y por tanto, también le tenía miedo.

Cuando era niña me encantaba el arte y sacaba buenas calificaciones en pintura y dibujo. También me interesaba el teatro y tuve la oportunidad de actuar en algunas producciones. Empecé a asistir a un grupo de niños en la estación de radio principal de Israel donde leíamos historias y sketches en la radio. Me encantaba. Esto abrió un mundo completamente nuevo para mí. El director dijo que yo tenía una voz excelente para la radio y que podía ayudarme a hacer de eso mi profesión cuando me graduara.

Mi padre me decía: "No abarques tanto. Concéntrate en una cosa y hazla bien". Yo sabía que era un buen consejo pero me encantaba lo que hacía y era difícil para mí renunciar a algo.

Tenía el apoyo y el amor de mis padres; mi padre en particular siempre me animaba y me elogiaba. Claro, el hijo más pequeño casi siempre recibe la mayor atención así que a veces era malcriada.

La Guerra del Milagro

Cuando me preparaba para terminar la escuela primaria y comenzar las vacaciones de verano, en junio de de 1967, Israel de repente se vio enredado en lo que llegó a conocerse como la Guerra de los Seis Días. Los israelitas la recuerdan como la "Guerra del Milagro". A mí me sorprendió que mis dos hermanos y mi padre fueran llamados a servir en la reserva. Durante siete días nuestra familia se sentaba en el sótano del vecino, esperábamos ansiosos las noticias. Nuestro único contacto con el mundo exterior era la radio. A cada hora, cuando escuchábamos el pitido, corríamos a escuchar los últimos boletines.

> **Los israelitas la recuerdan como la "Guerra del Milagro". …Durante siete días nuestra familia se sentaba en el sótano del vecino, esperábamos ansiosos las noticias.**

En el segundo día de la guerra todos los adultos que estaban en la habitación comenzaron a saltar de alegría, se abrazaban unos a otros y gritaban. Cuando pregunté por qué me dijeron que Jerusalén se había reunificado y que nuestra bandera israelí había sido izada en el monte del templo. Aunque era niña yo me daba cuenta de que esto era un milagro que solo Dios podía haber hecho. ¡Después de dos mil años de dominio extranjero, Israel había expandido sus fronteras al centro de su antiguo territorio! Empecé a entender la palabra profética de Dios para el pueblo judío.

Yo necesitaba libertad

Cuando tenía 12 años y estaba en la secundaria, empecé a cuestionar mis costumbres. Empecé a separarme de las enseñanzas de mi juventud y a seguir mi propio camino. Ya que respetaba grandemente a mis padres y no quería herirlos, esperé el momento apropiado y entonces les expliqué mis sentimientos.

—No puedo seguir viviendo así —les dije—. Respeto su estilo de vida pero yo necesito explorar uno diferente. Creo mucho en Dios pero el *mitzvot* (leyes) que me han enseñado me parece anticuado y que no está apto para la vida de hoy. No me siento capaz de cumplir con eso de todo corazón y no creo que esas leyes me acerquen a Dios.

Les pedí permiso para ir a una secundaria pública.

Mi padre siempre ha sido un hombre de mente abierta, así que me dijo:

—Está bien. Puedes hacerlo siempre y cuando te sientas feliz. Pero no olvides quién es tu Dios y de dónde saliste".

Así que me trasladé a la escuela pública. Eso fue un gran desafío. Me vi confrontada con una cultura completamente diferente. Y para mi sorpresa, algunos maestros, incluyendo el maestro principal, no creían en la Biblia como la Palabra de Dios. En cambio veían la Biblia como una colección de historias míticas que realmente no eran inspiradas por Dios.

> **Él escogió a un chico de nuestro grupo, que usaban una *kippá*, para que fuera el objeto de comentarios sarcásticos y de burlas.**

Un shock todavía mayor fue descubrir que uno de mis maestros era un ateo declarado y particularmente duro con cualquier alumno que creyera en Dios. Él escogió a un chico de nuestro grupo, que usaban una *kippá*, para que fuera el objeto de comentarios sarcásticos y de burlas.

Mi frustración en esta nueva escuela me desafió a estudiar la Biblia por mí misma. Estudiar los libros de Isaías, Ezequiel, Jeremías y los demás profetas fue una experiencia que abrió mis ojos. Las profecías relacionadas con el regreso de los judíos a nuestra tierra natal me asombraban.

Debido a mi desencanto con la manera en que se enseñaban la Biblia y otras materias, la decisión de asistir a una escuela pública comenzó a parecerme desacertada. Después de dos años y medio me fui y me matriculé en una escuela en la que pudiera estudiar sobre todo en casa e ir a clases solo dos días por semana.

Este fue un período de una profunda introspección, un tiempo de búsqueda de la verdad. Ya que estaba estudiando en casa, tenía mucho tiempo para pensar y leer. Sabía que no había encontrado satisfacción en un estilo de vida religioso ortodoxo, a pesar de yo apreciaba y me identificaba con las tradiciones. Pero tuve que preguntarme: Si guardar los mandamientos no me produce paz ni una relación más íntima con Dios, ¿entonces qué lo puede hacer? También buscaba respuestas para otras preguntas: ¿cuál es el propósito de mi vida en la tierra? ¿Quién es Dios realmente? ¿Qué me pasará cuando me muera?

Traté de encontrar respuestas en libro filosóficos, pero me dejaron confundida, y suscitaron más preguntas que respuestas. No obtuve satisfacción al estudiarlos.

La guerra de Yom Kippur

Mi búsqueda de la verdad se interrumpió repentinamente por la Guerra de Yom Kippur en 1973. Esa fue la guerra más dura que Israel hubiera enfrentado jamás. Todos nuestros vecinos árabes nos atacaron, declararon una Guerra Santa por Alá en el día más santo del año judío. Su única intención era destruir a Israel y aniquilar la población judía. Estábamos totalmente desprevenidos y por tanto esa guerra fue una tragedia terrible para nosotros. En Israel, en tiempo de guerra, todas las unidades de reserva son llamadas para fortalecer el ejército. Mis dos hermanos y mi padre estaba otra vez peleando en una guerra que no querían. A diferencia de la de 1967, esta guerra se volvió muy personal para mí ya que muchos de mis amigos y vecinos o salieron heridos o murieron. Yo estaba devastada y sufría mucho. Clamé a Dios en busca de respuestas.

En enero de 1974 comencé mi servicio militar al que entra todo adolescente israelita a la edad de 18 años. Yo serví en la marina. Era justo después de la Guerra de Yom Kippur y vi a muchos de mis amigos y conocidos regresar a casa heridos de la guerra, algunos gravemente. Eso aumentó mi deseo de conocer a Dios y de saber lo que me aguardaba en el más allá. Yo hacía todo tipo de preguntas pero nunca recibía respuestas claras.

Matrimonio prematuro

Había servido en la marina durante un año cuando me casé y me dieron la baja del servicio. Por lo general se daba la baja a las chicas que se casaban y comenzaban una familia. Mi esposo, Avi, era un viejo amigo a quien conocí antes de entrar a la marina. Él era seis años mayor que yo y un ateo declarado.

Todavía no sé qué me llevó a casarme. Cuando lo pienso ahora me doy cuenta de que era demasiado joven y tomé una decisión impulsiva. Sin embargo, había mucha confusión en esa época y las emociones eran exageradas. Yo había perdido amigos en la guerra y sentía que corría el peligro de perder otro. Aunque el matrimonio fue un error, sé que Dios protegía mi vida.

Nuestra relación se destruyó al cabo de un año. Después de renunciar a toda esperanza de que nuestro matrimonio llegara a algo, estuvimos de acuerdo en separarnos. Pero el día que decidimos ir a divorciarnos, Avi tenía que ir a Galilea en una misión de prensa (él era fotógrafo de la prensa). De regreso tuvo un accidente automovilístico muy grave en la que murió su amigo, el chofer del auto, y él quedó gravemente herido. Fue un milagro que saliera con vida. Tuvo una conmoción cerebral severa y los médicos le dijeron que llevaría mucho tiempo de reposo. Irónicamente, justo unos días después del accidente, yo descubrí que estaba embarazada. Por las heridas de Avi y por mi embarazado decidimos quedarnos juntos. Sin embargo, cuando salió del hospital, Avi se fue a casa de su madre durante varios meses para recuperarse.

Meditación transcendental

Mientras tanto, yo estaba bajo una presión terrible. Tenía 20 años, embarazada de mi primer bebé y en un matrimonio que pendía de un hilo. Trataba de ganarme la vida y al mismo tiempo visitar a mi esposo en el hospital todos los días. Tenía que viajar de Jerusalén a Tel Aviv, y luego pasar horas en la sala de cuidados intensivos. Ya que realmente no podía comunicarme con Avi, me sentaba y observaba a los soldados heridos que llegaban al hospital. Uno había estado explicando a sus amigos cómo desarmar una granada de mano cuando esta le explotó en la cara. Su cerebro había muerto pero su corazón seguía latiendo. Vi a otros morir o quedarse en estado de coma.

> **Mientras tanto, yo estaba bajo una presión terrible. Tenía 20 años, embarazada de mi primer bebé y en un matrimonio que pendía de un hilo.**

Una vez más estaba atrapada en una sarta de circunstancias que me obligaban a pensar en asuntos de la vida y la muerte. Sabía que tenía que haber respuestas para mis preguntas, respuestas que cambiarían mi vida. También sabía que no tendría paz hasta que las encontrara.

Conseguí un trabajo a tiempo parcial en el Ministerio del Tesoro. Cuando estaba allí me hice amiga de una señora que estaba muy involucrada en la meditación trascendental. Ella sabía que yo estaba pasando por un tiempo difícil y me animaba a que fuera a sus reuniones pues creía que ahí yo encontraría la respuesta. Desesperada, por fin cedí a su insistencia y dejé que me inscribiera en un curso. A mí me preocupaba mucho que eso fuera una religión, a pesar de que ella me aseguraba que no lo era. Sin embargo, hacia el final del curso mi amiga me dijo: "Se me olvidó decirte que hay una ceremonia de clausura, pero puedes ignorar lo que pase". Eso despertó mi curiosidad.

Se nos dijo que lleváramos una manzana y un pañuelo blanco nuevo como ofrenda para el maharishi (aunque yo al principio no me di cuenta de lo que estaba pasando). Uno por uno nos llevaron a una pequeña habitación, al fondo estaba parado el instructor de meditación trascendental susurrando ensalmos mientras el humo del incienso subía junto a la foto del gurú. Yo puse la manzana como ofrenda al maharishi. Entonces el instructor me dio mi propio mantra especial para que lo repitiera mientras meditaba.

La ceremonia me hizo sentir muy incómoda y me fui a casa desesperada. Eso era un marcado contraste con las promesas que daba la meditación trascendental de satisfacción personal, gozo, paz y contentamiento. Traté de ignorar la parte religiosa del curso y seguí haciendo los ejercicios y las meditaciones temprano en la mañana porque creía que me ayudaría en mi embarazo.

> **Entonces, de pronto, me di cuenta: "¡Al practicar la meditación trascendental estoy adorando a otros dioses!".**

Yo sabía que algo andaba mal pero no podía decir qué era. Entonces, de pronto, me di cuenta: "¡Al practicar la meditación trascendental estoy adorando a otros dioses!". Una vez que entendí las implicaciones, me sentí prácticamente enferma, en el sentido físico. Enfrenté a mi amiga de la meditación trascendental: "Me dijiste que esto no era un curso religioso, pero ahora me doy cuenta de que estaba atrapada en idolatría!".

Una nueva profesión

Al pasar el tiempo Avi mejoró físicamente. Empezó a trabajar unas pocas horas al día en su laboratorio pero se frustraba con sus limitaciones físicas y su incapacidad para proveer adecuadamente para su familia. Se encerraba en sí mismo y perdía los estribos fácilmente. Era difícil comunicarse con él. Después de la horrible experiencia con la meditación trascendental y ante el deterioro de mi vida matrimonial, me volvía cada vez más a Dios con mis preguntas, clamaba a él en busca de consuelo, le pedía ayuda en mi angustia y le suplicaba que se me revelara.

> **Después de la horrible experiencia con la meditación trascendental y ante el deterioro de mi vida matrimonial, me volvía cada vez más a Dios con mis preguntas, clamaba a él en busca de consuelo, le pedía ayuda en mi angustia y le suplicaba que se me revelara.**

Cuando los problemas vienen, no vienen solos. La placa de metal de la cadera de Avi se rompió y hubo que llevarlo rápidamente al hospital. Le hicieron una operación de emergencia y una vez más estuvo hospitalizado durante varios meses. En esta ocasión lo enyesaron. Lo ingresaron en un hospital privado cerca de casa para que yo no tuviera que viajar tanto para visitarlo.

Durante las largas enfermedades de Avi yo había asumido la responsabilidad de mantener la familia pero trabajaba solo a tiempo parcial en el Ministerio del Tesoro así que empecé a buscar un segundo trabajo.

Fue en ese tiempo que Dios comenzó a responder mis oraciones. Un amigo nuestro conocía de un negocio de imprenta que estaba buscando a una mecanógrafa de computadora que operara una máquina de composición tipográfica. Un día nos llamó para saber cómo nos iba. Me preguntó si sabía de alguien que estuviera buscando un trabajo a tiempo parcial.

—Sí, sé de alguien, yo —le dije—, pero no tengo preparación en composición tipográfica.

—Eso no importa —respondió él rápidamente—. Si aceptas el trabajo, ¡ellos te prepararán!"

—Entonces, acepto —le dije—. Me encantaría aprender una profesión nueva.

Lejos estaba yo de imaginarme lo que Dios tenía en mente.

Desde el primer día en la empresa de imprenta supe que era parte de algo muy especial. Había una atmósfera maravillosa, y las pocas personas que veía era muy amables conmigo. Hasta en la entrevista el gerente fue agradable.

Aunque empecé sin saber nada de computadoras, después de poco tiempo me volví bastante capaz. Yo trabajaba en una habitación pequeñita en la que operaba una computadora e Ibrahim, un joven árabe beduino, operaba la otra. Él era como de mi edad, tenía 23 años, estaba casado y ya tenía cuatro hijos.

Un Nuevo Testamento diferente

Una mañana mi jefe me entregó un sobre con un manuscrito para que le hiciera la composición. Cuando lo saqué descubrí que era el Nuevo Testamento en hebreo. Mi primera reacción fue: "Oh no, ¡esto no puede ser! ¿Qué tipo de lugar es este? ¿Por qué quieren imprimir el Nuevo Testamento en hebreo aquí? ¿Será que son misioneros?"

Durante un rato me quedé sentada allí luchando con mi consciencia: *¿Qué* chutzpah *(frescura) tienen! ¿Debo hacerlo? ¿Qué se supone que haga?* Mi mente daba vueltas. Yo necesitaba el trabajo pero, ¿cómo podía trabajar en algo así? Sentí que no tenía opción, así que empecé. Era difícil abrir el manuscrito y comenzar a teclear pensando que estaba contribuyendo a la obra de los misioneros, ayudándolos a convertir a los judíos y a robarse las almas judías. Recordaba vívidamente una historia que había leído de niña sobre una viuda llamada Ana que tenía siete hijos. Ella vivió durante la época de la Inquisición. Cuando tuvo que enfrentar la decisión de morir o inclinarse ante la cruz, ella heroicamente se negó a ceder y escogió la muerte a convertirse.

> **¡Mientras más trabajaba en el manuscrito, más claro se me hacía que el Nuevo Testamento era un libro judío!**

Cuando empecé a teclear y a leer el Nuevo Testamento resultó diferente a lo que esperaba. Me asombró mucho que en la primera página estuviera la genealogía de Yeshúa, que mostraba que él era descendiente de Abraham, del linaje de David. ¡Mi primer descubrimiento fue que Yeshúa era judío! ¡Y los discípulos eran judíos! ¡Mientras más trabajaba en el manuscrito, más claro se me hacía que el Nuevo Testamento era un libro judío! Entonces comenzaron las preguntas. *¿Qué tiene de malo?* Pensaba yo. *¿Por qué los rabinos se le oponen tanto? ¿Por qué rechazan este libro?* Todas esas preguntas me pasaban por la mente mientras escribía.

A mí me habían criado con la creencia de que Jesús era el Dios de los cristianos y que el Nuevo Testamento era un libro cristiano; sin embargo, yo sabía que estaba haciendo la composición de un libro completamente judío. ¿Cómo era posible? Y si los cristianos seguían un libro judío, ¿cómo es posible que hubieran perseguido a los judíos durante tantos siglos? Y así comenzó la lucha por mi salvación. Mi corazón ya no sentía paz. Para mí tenía sentido que Yeshúa fuera el Mesías judío pero mi crianza impedía que mi corazón aceptara la idea. Al leer las palabras de Yeshúa en *HaBrit HaHadashah* (el Nuevo Testamento), la verdad comenzó a brillar en mi vida. Yeshúa dijo que todas las acciones provienen del corazón de la persona y que a Dios le interesan nuestros pensamientos y nuestros motivos, no solo nuestras acciones. Eso sí que me impactó.

Entonces vino la sorprendente revelación de la vida eterna. Yo pensé: *Ésta es la respuesta que he buscado durante mucho, mucho tiempo...* **Las palabras de Yeshúa penetraron las profundidades de mi corazón y aunque todavía estaba luchando, Dios estaba ganando la batalla.**

PENSARON POR SÍ MISMOS

Entonces vino la sorprendente revelación de la vida eterna. Yo pensé: *Esta es la respuesta que he buscado durante mucho, mucho tiempo. Todo lo que he conocido hasta ahora ha sido muy oscuro con relación a la vida eterna pero las palabras de Yeshúa son muy claras y certeras y las puedo entender.* Las palabras de Yeshúa penetraron las profundidades de mi corazón y aunque todavía estaba luchando, Dios estaba ganando la batalla.

¿Esto es verdad?

Quedaban dos preguntas cruciales: ¿Esto es realmente la verdad o me estoy engañando a mí misma?, y ¿por qué el nombre de Yeshúa genera tanta ira entre los judíos ortodoxos? Comencé a buscar las referencias en el *Tanaj* (el Antiguo Testamento) para compararlas con las citas de los evangelios. Quería saber si las profecías y las promesas de la venida de Yeshúa realmente estaban escritas en el Tanaj. Investigué a fondo el tema.

Después de muchos meses de búsqueda, sentía que no podía seguir avanzando sin ayuda. Así que empecé a preguntar a todos mis amigos: "¿Quién es el Mesías realmente?" "¿Por qué el Mesías no ha venido todavía?" "¿Por qué Yeshúa no puede ser el Mesías?" Bombardeaba a todos con mis preguntas, incluso a gente que apenas conocía. No me daba vergüenza sino que era muy abierta al respecto.

No obstante tenía dudas acerca de si Yeshúa era el Mesías. A veces me sentía como si hubiera encontrado un gran tesoro pero después volvía a descartarlo. Mi confusión duró por meses.

En esa época Avi recibió el alta del hospital y regresó a vivir conmigo otra vez pues habíamos decidido darle otra

❖ 192 ❖

oportunidad a nuestro matrimonio. Aunque él se había recuperado casi por completo de su contusión inicial, tenía las piernas enyesadas.

Cuando terminé de teclear el Nuevo Testamento me dieron varios libros cristianos para que hiciera la tipografía en hebreo. Entre ellos estaban *El refugio secreto*, un libro acerca de Corrie ten Boom, una cristiana que escondió a judíos durante el Holocausto; *Corre, Nicky, corre*, la historia de Nicky Cruz, un líder pandillero de Nueva York cuya vida fue cambiada por la fe en Yeshúa; y *Joni*, la historia de Joni Eareckson, cuya fe la sostuvo cuando quedó cuadripléjica como resultado de un accidente de natación. Aquellos libros dejaron una gran impresión en mí. A veces, mientras trabajaba en la computadora, me corrían lágrimas por las mejillas. Veía cómo el amor de Dios había tocado a las personas y transformado sus vidas de manera radical.

Veo un ángel

Como nueve meses después de haber empezado a hacer la composición del Nuevo Testamento y de los otros libros al hebreo, me sentía más abrumada que nunca por mis muchas preguntas. Pero nadie, de las personas a quienes preguntaba, podía darme una respuesta satisfactoria.

Una noche, desesperada, me fui a mi habitación y clamé a Dios: "Dios, por favor, muéstrame el camino que debo tomar. ¿Es Yeshúa el verdadero Mesías de Israel, o es un falso Mesías? Si él es el verdadero Mesías, quiero seguirlo y servirle. Pero si no lo es, por favor déjame olvidarme de él".

Justo después de orar tuve una visión de un hombre vestido con una larga túnica. Su rostro, con barba, brillaba y estaba lleno de gloria. El aspecto del hombre era majestuoso.

Yo no entendí el significado de esta visión sin embargo me parecía que Dios estaba dándome una señal.

> "Dios, por favor, muéstrame el camino que debo tomar. ¿Es Yeshúa el verdadero Mesías de Israel, o es un falso Mesías? Si él es el verdadero Mesías, quiero seguirlo y servirle. Pero si no lo es, por favor déjame olvidarme de él."

Al día siguiente me fui del trabajo a las 3:00 p.m. y estaba en la parada del autobús esperando el próximo. De repente vi un hombre que se me acercaba del otro lado de la calle. Me di cuenta de que lo había visto antes. Tenía la misma cara, el mismo cabello largo, la misma barba y las mismas ropas que el hombre que había visto en la visión de la noche anterior. Sentí que mi cuerpo se estremecía y la experiencia me puso la piel de gallina. Miré a mí alrededor para ver si alguien más en la parada lo veía, pero nadie daba indicios de verlo. Cuando volví la cabeza para mirarlo, vi que había desaparecido.

Me di cuenta de que esa era la señal de Dios. El hombre esbelto de barba era el hombre de mi visión. No podía ser una coincidencia que yo viera en la calle al mismo hombre de la visión. Supe que era un ángel, ¡y me regocijé!

Por fin estaba convencida de que Yeshúa era el Mesías. Sentía una paz total y el gozo inundaba mi corazón. Las luchas entre mi mente y mi corazón se habían terminado. Me emocionaba saber que por fin estaba en el camino correcto. Ese fue mi momento crucial.

> **Por fin estaba convencida de que Yeshúa era el Mesías. Sentía una paz total y el gozo inundaba mi corazón.**

Cuando llegué a casa estaba tan emocionada por lo que había visto que le solté a mi esposo: "¿Sabes lo que me acaba de pasar? Tuve una visión y después vi un ángel, y venía de Dios. Yeshúa es el Mesías. ¡Estoy segura!" La revelación fue tan real para mí que no pensaba que alguien pudiera dudarlo. Pero Avi, un ateo declarado, me miró burlonamente, como si me hubiera vuelto loca. Se reía de mí delante de mis amigos. Cuando había un grupo que le prestaba atención decía con sarcasmo: "¿Se enteraron? Batya vio un ángel y ahora creen en Yeshu!" (Ese es un nombre despectivo para Yeshúa.) En esas ocasiones yo deseaba que la tierra me tragara.

Cuando estábamos solos yo le decía: "¡Uno no hace cosas así! Esto es algo personal, algo íntimo. No puedes ridiculizar la oración ni las cosas que yo he experimentado con Dios. Eso es algo entre Dios y yo".

Pierdo a mi hija

Nuestra relación siguió deteriorándose. Yo era muy vulnerable como nueva creyente en Yeshúa. No tenía idea de qué rumbo tomaría mi vida ni mucha certeza en cuanto al futuro. Necesitaba de hermanos y hermanas en el cuerpo del Mesías que me apoyaran. Pero Avi me prohibió reunirme con otros creyentes y leer la Biblia.

—Si sigues haciendo esto, te voy a llevar los tribunales y te voy a quitar a nuestra hija —me decía.

Avi cumplió su palabra y siguió adelante con su vendetta. Me ordenaron presentarme ante un tribunal rabínico. Cuando Avi llegó observé que llevaba un maletín. No tenía idea de que contenía. Mi abogado, un hombre religioso, no podía adivinar tampoco. Cuando Avi se presentó delante del juez abrió el maletín y mostró todos los libros que yo había mecanografiado además de mi Nuevo Testamento.

—Esto son sus libros —gritó y me señaló con el dedo—. ¡Es una misionera! ¡Y no voy a permitir que críe a mi hija!"

Hubo gran conmoción en la sala. Los rabinos parecían muy preocupados.

Después de consultar le prohibieron a Avi que me dejara entrar a la casa y dijeron que yo no podía seguir criando a mi hija. Le dieron a él la custodia completa. Mi abogado pidió un receso pero se lo negaron. Yo les grité a los rabinos antes de salir de la sala:

—Dios es el único juez. El tomará la decisión en cuanto a mi hija. Si Dios quiere que esté conmigo, lo hará posible. — Me quedé asombrada ante mi valentía para hablar. Casi sentí como si el Señor hubiera dicho esas palabras a través de mí.

> **Abracé a mi hija y me despedí de ella con un beso, y cerré la puerta tras de mí. Me habían desterrado.**

Con el corazón apesadumbrado y las lágrimas corriendo por mi rostro, abracé a mi hija y me despedí de ella con un beso, y cerré la puerta tras de mí. Me habían desterrado. Derrotada. No podía entender por qué Dios había permitido que pasara.

¡Yeshúa, por favor, ayúdame!

"Señor, esto es demasiado para mí". Por favor, ¡ayúdame! ¡No lo puedo soportar!" Con la boca yo decía que estaba sacrificando a mi Isaac como lo había hecho Abraham, pero no así en mi corazón. ¡Ella era mi hija! ¡Estaba abandonando a mi hija! Parecía como si una espada estuviera atravesando mi alma. Yo clamé: "Oh, Yeshúa, ¡por favor, ayúdame!" Increíblemente, la separación de mi hija duró solo tres días. Un hallazgo del tribunal civil anuló el veredicto del tribunal religioso debido a un error técnico. Pero yo sabía que era un milagro de Dios.

¡Mi hija estaba conmigo de nuevo! Podía tomarla en mis brazos y abrazarla. Por la gracia de Dios he podido criarla y hasta el día de hoy ella vive conmigo. Ahora tiene 18 años y está a punto de ingresar al ejército israelí. Me siento orgullosa de ella y la amo mucho, mucho. La batalla en los tribunales por la custodia de Tali duró ocho años, entre ellos unos cuatro en el Tribunal Supremo de Israel. Siguió año tras año hasta que Avi decidió casarse con otra mujer y me presionó para que accediera al divorcio.

Es asombroso cómo Dios puede usar las cosas malas del mundo para producir bien.

Es asombroso cómo Dios puede usar las cosas malas del mundo para producir bien. Esta lucha, que realmente era una persecución por mi fe en Yeshúa, estimuló mi crecimiento espiritual. Tuve que aprender a luchar para sobrevivir, a pesar de que todavía era un bebé en el sentido espiritual. La lucha me fortaleció y los problemas me refinaron. El Señor me dio mucho entendimiento y mi relación con él se volvió muy profunda y segura.

Unos años después me involucré en un grupo de creyentes que eran músicos y se reunían para cantar y orar. Una noche estábamos orando juntos en un círculo y cuando abrí los ojos vi un joven que había llegado tarde. Tenía algo muy familiar aunque nunca antes lo había conocido. Después de eso seguía encontrándome con él en Jerusalén. Supe que su nombre era Barry y disfrutaba su sentido del humor. Toda la vida de Barry antes de venir al Señor giraba alrededor de la música. Había sido músico profesional de "rhythm and blues", un estilo musical que me era totalmente ajeno. Había escuchado esa música una vez siendo niña pero no me gustó para nada. Cuando Barry encontró a Yeshúa renunció a su guitarra (aunque después Dios usaría su talento en el ministerio para sí mismo). Barry era uno de los mejores guitarristas que yo había escuchado y, como yo también tocaba guitarra, nos llevábamos muy bien.

A medida que pasaron los años Barry y yo llegamos a conocernos bien. Él fue un compañero de oración constante en mis batallas en los tribunales por la custodia de Tali. Comenzamos a trabajar juntos y por fin nos dimos cuenta de que Dios había hecho que nos encontráramos para ser marido y mujer. Tuvimos dos celebraciones, una boda tradicional judío-yemenita y una celebración mesiánica. Fue un tiempo maravilloso para ambos. No fue fácil para nuestros padres aceptar nuestra fe, pero la boda ayudó a darles perspectiva y, alabado sea Dios, nunca nos sacaron de sus vidas. El padre de Barry, un judío tradicional conservador, no está de acuerdo con la posición ultraortodoxa que dice que los judíos mesiánicos no son judíos.

Mis padres saben que creo en Yeshúa, y lo aceptan. Ellos aman a Barry y yo sigo siendo la niña de mi padre. Ellos aman a nuestros hijos: nuestra hija Tali; Ariel ("León de Dios" y uno de los nombres de Jerusalén), nuestro encantador hijo de ocho años, y nuestra bella hija Liran, que tiene casi dos años. Mis padres se alegran mucho en sus nietos.

Hemos pasados muchos sábados en su mesa, una mezcla de ortodoxia yemenita y judaísmo mesiánico. Como judíos ortodoxos que sienten un gran respeto por Dios y su Palabra, ellos expresan su gozo al ver cómo Dios me ha bendecido con una nueva familia.

Comentario de Sid Roth

Los "lubavitchers" son una secta dentro del judaísmo tradicional. Muchos creen que su rabino, Manachem M. Schneersohn, quien murió en 1994, es el Mesías. Este grupo tiene una sinagoga en Siberia.

El presidente de esta sinagoga visitó hace poco una iglesia de su zona porque era amigo del pastor. En esa reunión estaba presente un grupo de danza de judíos mesiánicos conformado por judíos, gentiles, hombres, mujeres, afroamericanos, blancos e hispanos, y tocaron profundamente el corazón del líder de la sinagoga. Después él dijo: "Nuestra adoración tradicional está muerta. Muchos de nuestros jóvenes están abandonando la sinagoga. Pero siento tal gozo y vida en la adoración de ustedes. Siento la presencia de Dios. Queremos lo que ustedes tienen. ¿Cuál es la diferencia entre nosotros?"

El líder del grupo de danza dijo: "Hay una sola diferencia: nuestro Mesías es Jesús. Él murió y resucitó de los muertos hace 2,000 años. El Mesías de ustedes es el rabino Schneerson, quien ustedes esperan que resucite, pero lleva muerto cuatro años y nunca regresará. Lo que usted experimenta con nuestro grupo de danza viene de la intimidad que ellos tienen con Dios. Sin Jesús, el Mesías, es imposible tener intimidad con Dios".

Después de que nosotros los judíos tenemos intimidad con Dios nuestra tarea es hablar a los gentiles de Jesús el Mesías. Isaías dice que el llamado del judío es ser "luz de las naciones" (Isaías 49:6). La tarea del creyente gentil es hablarle a los judíos del Mesías (véase Romanos 11:11). Y cuando todos hagamos nuestro trabajo, el Mesías regresará y nos llevará a una era de paz.

Capítulo 10
por Manny Brotman

El asombroso libro judío y el hoyo con forma de Dios en mi corazón

*...y me buscaréis y me hallaréis, porque me buscaréis
de todo vuestro corazón (Jeremiah 29:13).*

Uno no tiene que vivir muchos años antes de descubrir que existe dentro de uno un vacío, una ausencia que las cosas de este mundo nunca pueden llenar. Ni el dinero, ni el sexo, ni los viajes, ni la fama, ni las drogas, ni los títulos ni ningún otro logro humano pueden llenar este vacío.

A este vacío yo le llamo "el hoyo con forma de Dios en mi corazón". Con el tiempo descubrí que este vacío en particular está reservado solamente para que el Creador del universo, el Dios de Abraham, Isaac y Jacob, viva en cada uno de nosotros de manera personal.

Así que, esta es mi historia de búsqueda personal en la religión, lo académico, los deportes, los negocios y los medios de comunicación; mi descubrimiento de la Biblia, el asombroso libro judío; cómo llegué a comprender cómo tener una relación personal con Dios y cómo he experimentado su vida abundante.

Probé con la *religión*. Yo tenía una religión maravillosa, el judaísmo. Mis padres eran judíos. Yo asistía a una sinagoga conservadora. ¡Nací judío y moriría judío! Pero, de alguna manera, incluso en la sinagoga el Dios de Abraham, Isaac, y Jacob parecía estar muy distante. Yo no creía que pudiera vivir toda mi vida solo por la religión.

Probé con lo *académico*. Me gradué con honores tanto en la secundaria como en la universidad. Pero no podía vivir mi vida solo por una serie de doctorados con mi nombre.

Sobresalí en los *deportes*. En Filadelfia fui mariscal de campo del equipo de fútbol americano que competía en los campeonatos de la secundaria y lanzador del equipo ganador de la ciudad. Recibí premios en baloncestos y en tenis de mesa. Pero no podía vivir solo para los logros atléticos y los amigos que eso me daba.

Probé en el mundo de los negocios. Me abrí camino desde el control de la producción hasta asistente del vicepresidente y, al final, presidente de la corporación. Tenía una finca encantadora en una comunidad judía moderna. Nuestra empresa tenía un avión bimotor y un piloto que nos llevaba a mí, y a los demás ejecutivos que trabajaban para mí, adonde quisiéramos ir. No obstante, no podía vivir mi vida solo para los logros en los negocios.

Y entonces experimenté con *los medios de comunicación*. Fui presidente de la junta de la cadena televisiva Fourth. Suministrábamos programación a 500 franquicias de cable. Por varios años produje y conduje un programa radial de difusión nacional que se transmitía en 22 estaciones. Me han entrevistado en numerosos programas de radio y televisión nacional en todos los Estados Unidos, Canadá, y el Medio Oriente, los cuales se transmitieron a millones de personas. Pero incluso el estar involucrado con los medios no podía ser el propósito cumbre de mi vida. Tenía que haber algo más.

Durante el curso de mi vida he tenido el privilegio de experimentar muchas cosas que a otras personas les gustaría experimentar y no han podido, pero ninguno de mis logros pudo llenar jamás el hoyo con forma de Dios dentro de mí. Un día, estando en *Fairmount Park Recreation Center* en Filadelfia (antes de haber experimentado muchas de las cosas que describí anteriormente), conocí a George Gruen, un judío que cree en la Biblia. George y su esposa, Doris, vivían sus vidas en un plano superior al de cualquier otra persona que yo hubiera conocido jamás. Tenían una alegría verdadera, paz y sentían un amor genuino por mí y por los demás. Me preguntaba qué hacía que estas personas fueran tan diferentes.

Tenía que haber algo más.

George era entrenador de equipos de béisbol y de baloncesto. Ya que a mí me gustaban tanto los deportes, quería participar. Junto con la competencia George realizaba estudios bíblicos para todos los miembros del equipo a partir de las Escrituras judías. Por primera vez en mi vida consideré en serio las credenciales y el mensaje de la Biblia judía.

Las credenciales de la asombrosa Biblia judía

¿Con qué limpiará el joven su camino? Con guardar tu palabra...En mi corazón he guardado tus dichos, Para no pecar contra ti (Salmo 119:9,11).

Primero que todo, descubrí que la Biblia judía es precisa desde el punto de vista histórico cuando la comparé con otros registros históricos existentes. Y, en algunos casos, esta ofrece el único relato atinado de ciertos períodos de tiempo para los que no hay otros récords disponibles.

Las Escrituras judías son confiables desde el punto de vista geográfico y esto ha sido confirmado muchas veces por arqueólogos que usan la Biblia como "mapa" para localizar ciudades enterradas y artefactos históricos. En los tiempos modernos los líderes militares israelitas en ocasiones utilizan antiguas rutas de batalla y siguen estrategias de combate que se encuentran en el *Tanaj* (Escrituras judías) para luchar contra los enemigos de Israel.

> **Increíblemente, la
> Biblia judía predijo
> específicamente el futuro
> con un 100 por ciento de
> exactitud en cada caso.**

Increíblemente, la Biblia judía predijo específicamente el futuro con un 100 por ciento de exactitud en cada caso. La Escritura hebrea profetizó:

1) El reestablecimiento del estado de Israel

En Isaías 11:12, Dios dijo:

> *Y levantará pendón a las naciones, y juntará los desterrados de Israel, y reunirá los esparcidos de Judá de los cuatro confines de la tierra.*

Dios dijo que haría de Israel un "pendón" (en hebreo, "una bandera o estandarte milagroso") para que el mundo lo viera. Luego reuniría al pueblo judío de los cuatro confines de la tierra luego de casi 2,000 años de dispersión mundial.

El 14 de mayo de 1948 el primer ministro David Ben-Gurion se paró en el Museo Municipal de Tel Aviv y proclamó a Israel como estado. ¡Una nación surgió en un solo día, tal y como había profetizado la Biblia hacía más de 2,700 años (véase Isaías 66:8)!

2) La restauración del hebreo, "el idioma puro"

En Sofonías 3:9 está escrito:

En aquel tiempo devolveré yo a los pueblos
pureza de labios, para que todos invoquen el
nombre de Jehová, para que le sirvan de común
consentimiento.

Israel es un crisol de judíos de más de cien países del mundo; sin embargo, todos aprenden a hablar el hebreo de la Biblia con palabras añadidas del hebreo moderno. Uno pudiera preguntarse por qué al hebreo se le llama un idioma "puro" en la Biblia. ¡Es porque no hay palabras vulgares ni profanas en el hebreo bíblico!

Nunca antes en la historia de la humanidad se ha esparcido un pueblo antiguo por la faz de la tierra durante casi 2,000 años y luego ha sido restaurado a su propia tierra con su antiquísimo idioma nacional. ¿Cómo supo Sofonías, el profeta judío, que eso sucedería?

3) La milagrosa derrota de los enemigos de Israel en cuatro guerras principales

Isaías 19:16-17 predice las victorias milagrosas del Israel moderno sobre sus enemigos, lo cual ocurrió en 1948 (Guerra de Independencia), 1956 (Guerra de Sinaí), 1967 (Guerra de los Seis Días), y en 1973 (Guerra de Yom Kippur):

En aquel día los egipcios serán como mujeres;
porque se asombrarán y temerán en la presencia
de la mano alta de Jehová de los ejércitos, que él
levantará contra ellos.

Y la tierra de Judá será de espanto a Egipto;
todo hombre que de ella se acordare temerá por
causa del consejo que Jehová de los ejércitos
acordó sobre aquél.

Durante esas cuatro guerras principales, la pequeña población de Israel, conformada por varios millones de judíos, tuvo que defenderse una y otra vez contra la creciente Liga Árabe que incluía 20 países (ahora son 21 países) con una población en aquel momento de 140 millones de árabes aproximadamente. Había *cinco veces más soldados árabes que israelitas, tres veces más aviones y tanques enemigos, ocho veces más artillería, y 18 veces más misiles.* El presupuesto militar de Israel palidecía en comparación con los diez mil millones de petrodólares que los enemigos de Israel gastaron para su destrucción. Y sin embargo, Israel, aunque con menos hombres, menos armamentos y menos finanzas, ha ganado guerra tras guerra a pesar las probabilidades insuperables. *No hay otra respuesta para eso que Dios mismo quien predijo en la Biblia que esto sucedería.*

A continuación tres ejemplos breves de los milagros emocionantes que Dios realizó a favor de Israel:

Un guía turístico judío testificó:

> Durante la guerra mis hombres y yo quedamos atrapados en un campo minado. Las minas comenzaron a explotar a nuestro alrededor. De repente un pequeño torbellino de arena apareció y nos llevó a mí y a mis hombres a través del campo minado a un lugar seguro!

Un israelita escribió:

> Yo estaba en el campo de batalla y vi en la cima de una colina a un hombre vestido completamente de blanco que ayudaba a nuestros soldados de trinchera en trinchera. Cada vez que el hombre alzaba sus brazos al cielo, la batalla iba a favor de nuestras tropas israelitas. Le di

mis binoculares a mi General para que pudiera ver mejor. Él también vio al hombre de blanco ¡quien entonces desapareció delante de nuestros ojos!

Un reportero me dijo que su padre (también reportero) estaba en las Alturas del Golán después de que los israelitas lo capturaron. Su padre le preguntó a los soldados sirios: "¿Por qué se retiraron ante los primeros pocos soldados judíos que aparecieron?". Ellos le contestaron: "¡Usted debe estar equivocado! Nosotros no vimos unos *pocos* soldados judíos. ¡Vimos *cientos* de ellos!" ¿A quiénes vieron estos soldados sirios? ¿Vieron los ángeles de Dios? ¿Sería posible que una vez más Dios enviara sus ángeles para pelear por su pueblo judío y sembrar el temor en los corazones de los enemigos de Israel según la profecía de Isaías?

4) Ocurrirían milagros agrícolas cuando los judíos regresaran a Israel

En Isaías 35:1 dice:

Se alegrarán el desierto y la soledad; el yermo se gozará y florecerá como la rosa.

Cuando los judíos regresaron a Israel de los cuatro confines de la tierra, encontraron pantanos y desiertos estériles y áridos. Los nómadas que ocuparon la tierra durante siglos no eran los "hijos" de los desiertos; más bien eran los "padres" del mismo. No hicieron nada para restaurar la tierra, con su negligencia esta empeoró. Cuando los judíos regresaron a su patria, comenzó a producirse una transformación agrícola como se profetizó en Isaías.

Cuando yo vivía en Chicago pude comprar naranjas

deliciosas de Israel. En Miami pude comprar jugo de tomate de Tel Aviv. Y ahora, en la zona de Washington, D.C. donde vivo, puedo comprar las hermosas flores recién cortadas de Israel. Solo basta con visitar el famoso Mercado del Carmel en Tel Aviv para ver los enormes cítricos y otros productos agrícolas que se cultivan en Israel.

La Escritura dice: "el desierto ...florecerá como la rosa". ¡Las flores frescas más importantes que exporta Israel son las rosas! Esta pequeña nación de Israel ocupa el número tres a nivel mundial en la exportación de flores frescas, un valor estimado de $140 millones al año, y la mayoría va hacia Europa. ¿Nada mal para un desierto seco, árido y estéril, verdad? En el valle del Jordán se cultivan bananas, un fruto de clima cálido, con resultados excelentes mientras que a solo cinco millas las manzanas, un fruto de clima frío, también rinden una cosecha de calidad superior. Yo he visto esta maravilla con mis propios ojos.

En la corta existencia del Israel moderno, ya es parte de un grupo selecto de naciones que no solo producen comida suficiente para sus propios ciudadanos ¡sino que exporta el 20 por ciento de sus productos agrícolas a otros países del mundo! Israel también exporta su tecnología agrícola y su conocimiento a países del tercer mundo así como a países muy desarrollados en Europa y a los Estados Unidos.

Israel es el país más eficiente hidráulicamente del mundo al regular y controlar recursos hidráulicos alternativos como agua reciclada de la industria y del alcantarillado en el sector doméstico. El uso de un control computarizado integrado en los sistemas de irrigación y fertilización en una buena parte de los campos de cultivo y la horticultura israelíes minimiza los costos de mano de obra y maximiza las mejores condiciones posibles para los cultivos. En una estación especial en el desierto del Néguev se bombea *agua salada* desde las profundidades del Néguev, usando métodos y técnicas de irrigación para el desierto, con resultados insuperables en la producción de los tomates con mejor sabor y mejor calidad que puedan encontrarse. Las berenjenas, los melones amarillos, las papas, las peras y las uvas también se riegan con esta agua salada y se cosechan en el desierto del Néguev. Una vez que nuestro pueblo judío regresó a la tierra, ¡quedó demostrado que las profecías de Isaías sobre las flores en el desierto y la agricultura de Israel estaban en lo cierto!

5) Las ciudades asoladas de Israel serían reconstruidas

El profeta Amós escribió en Amós 9:14:

> *Y traeré del cautiverio a mi pueblo Israel, y edificarán ellos las ciudades asoladas, y las habitarán; plantarán viñas, y beberán el vino de ellas, y harán huertos, y comerán el fruto de ellos.*

¡Desde 1948 los judíos han construido su país con una mano y con la otra han sostenido sus armas! Además de defenderse a sí mismo en cuatro guerras grandes, ocuparse del transporte, el alojamiento, la preparación el idioma, el empleo y la educación de millones de inmigrantes de más de cien países; formar un gobierno y desarrollar una infraestructura, ¡Israel se las ha arreglado para construir y financiar un país moderno del que puede sentirse orgulloso!

Las que una vez fueron "ciudades asoladas" ahora son ciudades y puertos modernos que se amplían como Jerusalén, Tel Aviv, Yafo, Haifa y muchos otros. Desde su independencia Israel ha tenido sin parar un programa de construcción y está reivindicando el desierto a una velocidad que a los cartógrafos se les hace difícil estar al día. Israel no solo ha sobresalido en la agricultura sino también en su tecnología, universidades, ciencias, defensa, medicina, centros turísticos y mucho más. ¡El estado de Israel es exactamente lo que la Biblia dijo que sería!

6) Los judíos regresarían a Israel de la tierra del norte (Rusia)

Jeremías 16:14-15 y 23:7-8 habla del segundo Éxodo:

> *No obstante, he aquí vienen días, dice Jehová, en que no se dirá más: Vive Jehová, que hizo subir a los hijos de Israel de tierra de Egipto; sino: Vive Jehová, que hizo subir a los hijos de Israel de la tierra del norte...*

Si uno vuela al norte desde Jerusalén, al final llegaría a Moscú. La antigua Unión Soviética (especialmente Rusia) comprende la única población judía considerable que pudiera encajar en esta profecía. Se estima que hay de dos millones y medio (judíos de sangre pura) a diez millones (judíos con matrimonios mixtos y "encubiertos") en la antigua URSS.

Cualquiera que sea el número, más de un millón de judíos rusos han emigrado a Israel en los últimos años. La mayoría de estos inmigrante son maestros muy bien preparados, médicos, ingenieros y músicos que están impregnando a Israel con una lluvia de profesionales inteligentes "del la tierra del norte", ¡tal y como predijeron las Escrituras judías hace más de 2,600 años!

¿Será de extrañar entonces por qué le llamo "¿la asombrosa Biblia judía?" Si una profecía antigua de las Escrituras judías se cumpliera, le llamaríamos "suerte". Si se cumplieran dos profecías le llamaríamos "una coincidencia afortunada". Si se cumplieran tres profecía podríamos decir ¡qué tremenda coincidencia!" Pero cuando profecía, tras profecía, tras profecía se cumplen de manera específica, por pura ley de probabilidades compuestas hemos pasado del mundo de la suerte y la coincidencia, y Dios nos ha dado una palabra segura de profecía por la que podemos vivir ¡y sobre la cual podemos basar nuestras decisiones!

Yo, juntos con otros millones de personas, hemos llegado a la conclusión de que la Biblia judía es el domando más corroborado y autentificado del mundo. Sí, la historia, la arqueología, la geografía, las profecías y los Rollos del mar Muerto han confirmado la

Biblia. Y, sobre todo, funciona en las vidas de aquellos que de manera sincera la ponen a prueba. Yo puedo asegurarlo por mi propia experiencia. Este tipo de evidencia exige un veredicto. ¿Qué haremos al respecto?

Yo pensaba que era fascinante cómo Dios había cumplido todas esas profecías de hacía tantos años, pero quería saber qué relación tenía eso conmigo. ¿Cuál era el plan de Dios para mí a nivel personal?

El mensaje de la Biblia judía

> *Venid luego, dice Jehová, y estemos a cuenta: si vuestros pecados fueren como la grana, como la nieve serán emblanquecidos; si fueren rojos como el carmesí, vendrán a ser como blanca lana* (Isaías 1:18).

Al investigar las Escrituras judías descubrí que el plan

de Dios para perdonar mis pecados y permitirme tener una relación personal con él podía resumirse en cinco principios espirituales. Yo les llamo "Las cinco leyes judías". Es decir, así como el Creador ha definido muy bien las leyes físicas (como la gravedad, la fuerza centrífuga y la inercia) que gobiernan el funcionamiento del universo, También definido leyes espirituales que gobiernan nuestra relación con él. Estas son las leyes:

La ley número uno habla del propósito de *Dios*...

> *...Dios nos creó a usted y a mí para que tuviéramos una relación personal con Él y, como resultado de esa relación, ¡poder disfrutar la vida abundante!*

¡Nada le produce más placer a Dios que cuando usted y yo escogemos tener una relación personal con Él por nuestra propia voluntad!

> *Todas las cosas ha hecho Jehová para sí mismo,*
> *[su propio placer]...* (Proverbios 16:4).

Una relación personal con Dios le dará su paz abundante, propósito, significado, gozo y felicidad.

> *En tu presencia hay plenitud de gozo; Delicias a*
> *tu diestra para siempre* (Salmo 16:11).

Es maravilloso tener una vida así, ¿verdad? Pero la mayoría de las personas no parecen experimentar hoy esta vida abundante.

¿Por qué no? Eso nos lleva la ley número dos.

La ley número dos revela el *problema* del hombre...

> *...El pecado le separa de una relación personal con Dios y de su vida abundante. El pecado también produce la muerte espiritual.*

> *...pero vuestras iniquidades [vuestros pecados] han hecho división entre vosotros y vuestro Dios...* (Isaías 59:2).

> *...el alma que pecare, esa morirá [muerte espiritual]* (Ezequiel 18:4).

El pecado produce culpa, infelicidad, falta de paz, frustración y falta de propósito. ¿*Qué es el pecado? Es la transgresión o el incumplimiento de la ley de Dios.* Parte del *Shemá* (Deuteronomio 6:5) dice:

> *Y amarás a Jehová tu Dios de todo tu corazón, y de toda tu alma, y con todas tus fuerzas.*

Si no amamos a Dios con todo nuestro corazón, nuestra alma y nuestra fuerza, entonces hemos quebrantado el primer y más importante mandamiento y hemos pecado. Si ponemos cualquier cosa primero que a Dios como nosotros mismos, las posesiones materiales, el sexo, el dinero, las drogas o cualquier otra cosa, entonces hemos convertido en ídolos esas cosas y hemos cometido idolatría. Si odiamos a alguien en nuestro corazón, entonces somos asesinos. Si codiciamos a alguien en nuestro corazón, entonces somos adúlteros. Si robamos, matamos, mentimos, enviamos, trabajamos en el día de reposo o deshonramos a nuestros padres, entonces hemos quebrantado los diez mandamientos. En realidad, nuestros rabinos y eruditos nos dicen que hay 613 mandamientos en el Tanaj que debemos guardar.

¿Quién puede guardar todos esos mandamientos? ¡Ninguno de nosotros!

¿Quién puede guardar todos estos mandamientos? ¡Ninguno de nosotros!

En Primero de Reyes 8:46 dice:

> *...porque no hay hombre que no peque...*

Al estudiar las Escrituras judías comprendí que yo, a sabiendas y sin saber, había quebrantado un sinnúmero de mandamientos de Dios y que tenía que arrepentirme de esos pecados con la ayuda de Dios.

Ezequiel 33:11 cita al Señor Dios:

> *Vivo yo, dice Jehová el Señor, que no quiero la muerte del impío, sino que se vuelva el impío de su camino, y que viva. Volveos, volveos de vuestros malos caminos; ¿por qué moriréis, oh casa de Israel?*

Me di cuenta de que había pecado y necesitaba la ayuda de Dios. ¿Está usted dispuesto a admitir que usted también ha pecado y necesita la ayuda de Dios? Eso nos lleva a la ley número tres.

La ley número tres explica el *plan* de Dios...

A) Usted no puede eliminar el pecado mediante sus propios esfuerzos humanos.

Ninguno de nosotros puede llegar al cielo por guardar los Diez Mandamientos (la ley). La ley de Dios produce el conocimiento del pecado, esta ley es tan pura y perfecta que es la regla o medida de Dios para mostrarnos a nosotros, los seres humanos, cuán lejos estamos de la gloria y la santidad de Dios. Sin la ley ni siquiera sabríamos cuán pecadores somos.

El plan del hombre es trata de quitar sus propios pecados mediante sus esfuerzos humanos. Estos esfuerzos pudieran incluir la religión (los intentos del hombre por llegar a Dios) o simplemente el "hacer cosas buenas", con la esperanza de que las buenas obras de la persona excedan las malas obras para así alcanzar justicia propia. En Proverbios 14:12 dice:

> *Hay camino que al hombre le parece derecho;*
> *Pero su fin es camino de muerte [¡separación*
> *espiritual de Dios!]*

El Creador, quien ha colocado en el espacio millones de galaxias con una precisión matemática y cronológica perfecta, no es negligente cuando se trata de sus leyes espirituales. Si uno no obedece las leyes espirituales de Dios según se revelan y confirman en su Palabra, no puede alcanzar la justicia que Dios requiere (estar bien con Dios).

B) El pecado solo puede ser eliminado por fe, creer lo que Dios dice y actuar en base a ello.

La justicia viene por la fe. Génesis 15:6 dice:

> *Y [Abraham, el padre del pueblo judío] creyó*
> *[tuvo fe] a Jehová, y le fue contado por justicia.*

La justicia con Dios no viene por nuestras buenas obras (mitzvot). Porque por la gracia de Dios, algo que no nos merecemos, usted y yo somos perdonados mediante la fe. No es algo nuestro. Es un regalo de Dios, no por nuestros esfuerzos humanos no sea que alguno de nosotros alardee y diga que nos lo merecemos (véase Efesios 2:8-9).

C) La fe debe ser puesta en la sangre que Dios proveyó para el sacrificio ("cubrir" el pecado).

Si uno tiene fe espiritual en el sentido que describe la Biblia, entonces Dios requiere un acto de fe aceptable para Él. Levítico 17:11 dice:

> *...y la misma sangre hará expiación [cubrirá] de la persona.*

Cuando el templo existía y se sacrificaba un cordero en el altar que proporcionaba la sangre para la expiación, ¡eso era un acto de fe aceptable para Dios! Pero, ya que el templo no existe, y el sistema de sacrificios ha cesado, ¿cómo podemos tener la sangre de la expiación hoy mediante un acto de fe? Eso nos lleva a la ley número 4.

La ley número 4 muestra la *provisión* de Dios...

Dios ha provisto la sangre para el día de la expiación mediante un sacrificio perfecto, uno al que la Biblia judía llama "el Mesías". La palabra *Mesías* significa "el Ungido".

Isaías 53:5-6 dice:

> *Mas él herido fue por nuestras rebeliones, molido por nuestros pecados [maldad moral]; el castigo de nuestra paz [bienestar] fue sobre él, y por su llaga [azotes, sangre] fuimos nosotros curados [expiados]. Todos nosotros nos descarriamos [pecamos] como ovejas, cada cual se apartó por su camino; mas Jehová cargó en él [el Mesías] el pecado de todos nosotros.*

En la vida de Abel (el hijo de Adán y Eva), vemos cómo Dios proveyó la expiación por *una persona* (véase Génesis 4:4). En la Pascua vemos la expiación de Dios por *una familia* (véase Éxodo 12:13).

En el Yom Kippur, el Día de la Expiación, vemos la provisión de Dios para *una nación* (véase Levítico 16:30).

Y, en el Mesías, vemos la expiación por *todos los que creen* (tienen fe) en Él como su cordero pascual personal perfecto (véase Isaías 53).

Pero la pregunta crucial es: "¿Cómo podemos saber *quién* es el verdadero Mesías judío?"

En las Escrituras Dios da más de 300 profecías que identifican claramente al Mesías. Según la ley de las probabilidades compuestas, existe solo una probabilidad en 33,554,432 de que siquiera 25 de estas profecías pudieran cumplirse en una sola persona.[1]

Cualquiera que haya cumplido las siguientes profecías es el verdadero Mesías de Israel. El Mesías

• nacería en Belén de Judá (véase Miqueas 5:1-2).

• nacería de una virgen como una señal milagrosa para el pueblo judío (véase Isaías 7:14). La palabra hebrea para virgen que se usó en Isaías 7:14 es *almah*. Esto se traduce en algunas versiones de la Biblia como "doncella" o "mujer joven". Sin embargo, en las Escrituras judías, cuando *almah* se utiliza y se lee en contexto, casi siempre está claro que se refiere a "una virgen". Además, Dios le prometió a Israel "una señal". No sería una señal de una joven normal que tendría un hijo. Sería una señal de una *virgen* que tendría un hijo por la mano de Dios. Por favor, tenga en cuanta que el nombre hebreo de este niño, *Emanuel*, significa "Dios con nosotros". Esto muestra su naturaleza inusual. A algunos les choca esta profecía por su falta de fe. Dios, quien creó el universo, podía hacer fácilmente que una virgen tuviera un hijo. Además,

¡qué es eso en comparación con la maravillosa creación de Dios, el ser humano!

- sería despreciado y rechazado por los hombres (véase Isaías 53:3).

- viviría una vida sin pecado (véase Isaías 53:9).

- sería traicionado por 30 piezas de plata (véase Zacarías 11:12-13).

- moriría por los pecados de los judíos y del mundo entero (véase Isaías 53:5-6,8).

- moriría por crucifixión (véase Salmos 22:14-18; Zacarías 12:10).

- echarían suertes por su ropa en el momento de su muerte (véase Salmos 22:18).

- vendría antes de la segunda destrucción del templo (70 A.D.). (Véase Daniel 9:24-26.)

- se levantaría de los muertos (véase Salmos 16:10; 110:1).

Solo *un hombre* en la historia ha cumplido con estas profecías. Él ha cambiado el calendario y el curso de la historia; y millones de judíos y gentiles han confiado en él para su expiación personal. Su nombre hebreo es Yeshúa, que significa "salvación". Mis amigos no judíos lo conocen como "Jesús" que se tradujo originalmente del griego como Je'sus Christos y después se conoció como "Jesús el Cristo", ¡que significa "Salvación, el Mesías"!

Cuando usted cumple con los requisitos de Dios con respecto a Yeshúa el Mesías, usted no pierde su maravillosa herencia bíblica judía; más bien, completa su judaísmo al ganar la sangre expiatoria, ganar al Mesías ¡y ganar una relación infinitamente más personal con el Dios de Abraham, Isaac y Jacob!

Sin embargo, no es suficiente para usted solo conocer intelectualmente que Yeshúa es el Mesías. Se necesita un acto de fe para recibir la sangre expiatoria del Mesías y entrar en la vida abundante de Dios. Eso nos lleva a la ley número cinco.

La ley número cinco le da la *prerrogativa* al hombre (una decisión de libre albedrío)...

>...Usted necesita pedirle a Yeshúa el Mesías que entre a su corazón y a su vida para tener la sangre expiatoria y una relación personal con Dios y para disfrutar su vida abundante. El Mesías no entrará a la fuerza en su vida. Él quiere ser invitado.

Joel 3:5 (2:32 en algunas versiones) señala:

> *Y todo aquel que invocare el nombre de Jehová será salvo.*

Salvación quiere decir "liberación" del castigo por el pecado (separación de Dios), el poder del pecado (sobre usted), y, ¡algún día, de la presencia del pecado (la vida eterna)!

Cuando usted le pide a Yeshúa el Mesías que entre a su corazón y a su vida, recibirá su expiación y su vida eterna. A medida que crezca en él espiritualmente, usted experimentará paz personal, gozo, felicidad, dirección, significado, propósito y mucho más de lo que usted pudiera imaginar jamás.

Yo encontré la vida judía abundante

> *Yo he venido para que tengan vida, y para que la tengan en abundancia.(Yeshúa el Mesías en Juan 10:10).*

Al estudiar las profecías que identificaban al Mesías supe

en mi corazón que solo un hombre en toda la historia las ha cumplido, y ese fue Yeshúa de Nazaret.

Yeshúa nació de una virgen en Belén. Vivió una vida sin pecado. Nunca nadie encontró ni siquiera un pecado en Él. La historia testificó que Él sanó a los enfermos al darles vista a los ciegos, audición a los sordos, habla a los mudos, andar a los cojos y limpieza a los leprosos. ¡Hasta resucitó a la gente de los muertos! Fue despreciado y rechazado por líderes celosos. Fue traicionado por treinta piezas de plata. Murió por crucifixión por los pecados de los judíos y por el mundo entero. Los que lo crucificaron echaron suertes por sus ropas. Y murió antes de la destrucción del segundo templo.

> **La historia testificó que Él sanó a los enfermos al darles vista a los ciegos, audición a los sordos, habla a los mudos, andar a los cojos y limpieza a los leprosos.**

El profeta Daniel escribió que después que el "Ungido" (el Mesías) fuera "quitado" (asesinado), un príncipe vendría y destruiría la ciudad (Jerusalén) y el santuario (el templo). Después de la muerte de Yeshúa, el príncipe Tito y las legiones romanas destruyeron la ciudad de Jerusalén y el segundo templo en el año 70 A.D., tal y como Daniel profetizó. Puesto que el sistema de sacrificios levítico ya no estaba disponible, eso quería decir ¡que Dios ahora proporcionaba, *de una vez y por todas*, una expiación perfecta mediante la sangre de

Yeshúa, el Mesías, para todos los que creyeran (véase Daniel 9:24-26)!

Yeshúa también resucitó como lo profetizó el rey David. Flavio Josefo, el principal historiador judío y romano de esa época, escribió en su obra *Antigüedades de los judíos*:

> Hubo por esta época un hombre sabio, Jesús, *si es lícito llamarle hombre*, porque hacía obras maravillosas, un maestro tal que la verdad podía recibirse con placer…. *Él era el Mesías*; y, cuando Pilato, por sugerencia de los hombres principales entre nosotros, lo condenó a la cruz, aquellos que lo amaron al principio no lo abandonaron, porque *Él les apareció vivo otra vez al tercer día* [a más de 500 testigos judíos], como habían predicho los profetas divinos, ¡estas cosas maravillosas y diez mil más acerca de Él![2]

Y me vi ante un dilema. ¿Cómo podía yo, siendo judío, aceptar a Yeshúa? ¿Eso haría que me convirtiera en un goy, un "gentil"? George Gruen me señaló que la esperanza del Mesías no era de origen gentil sino judío. Vino de la Biblia judía, e incluso los judíos ortodoxos de hoy recitan, de la obra *Thirteen Principles of the Jewish Faith* [Trece principios de la fe judía] de Moisés Maimónides: "Creo con fe perfecta en la venida del Mesías; y aunque Él demore mucho tiempo, ¡esperaré a diario su venida!"[3] El asunto no era si aceptar el Mesías era algo "judío", porque sin dudas lo era, sino más bien, *¿quién es el Mesías judío?* ¡Yo no tenía dudas en cuanto a quién cumplió todas esas profecías! Además, aceptar un Mesías judío, de una Biblia judía, y tener la sangre judía de la expiación era algo muy judío. ¡Sonaba muy "kosher"! Entonces, un día, en la intimidad de mi casa, me puse de rodillas y oré:

Querido padre celestial, yo sé que he pecado contra ti y te pido que me perdones. Mesías

> Yeshúa, por favor ven a mi corazón y a mi vida, límpiame con tu preciosa sangre expiatoria y hazme un hijo de Dios. Gracias por hacer esto de acuerdo a tu Palabra. ¡Amén!

Cuando hice esa oración las luces de mi habitación no parpadearon. No me tocó un ángel a la puerta con un telegrama de parte de Dios. ¡Pero el Dios de Abraham, Isaac y Jacob estaba más cerca que mis manos o mi aliento, y encontré una paz que sobrepasó todo entendimiento y un gozo inexplicable y lleno de gloria!

Desde aquel día en Filadelfia, hace más de 40 años, el Mesías no me ha dejado. Es un amigo más cercano que un hermano. Todo lo que Dios ha prometido en su Palabra se ha hecho realidad: amor, paz, gozo, perdón, felicidad, dirección, propósito ¡y mucho más! Mi madre, Ethel, mis hermanas Rose y Joyce, y varios de mis familiares y amigos ¡también invitaron al Mesías a sus vidas!

A la edad de 19 años yo me casé con Audrey Yvonne Kitchen. Cuando Audrey tenía solo 6 años se enfermó de Bulbar Polio, el más letal de los tres tipos de polio. Ella estaba completamente paralizada desde el cuello hasta las plantas de los pies. No podía mover sus brazos, sus manos ni sus piernas. Ni siquiera podía tragar la saliva.

Sus padres todavía no creían en Yeshúa, pero sus abuelos eran creyentes firmes de la Biblia y muchas oraciones subían al trono de Dios. ¡Dios revirtió la incurable Bulbar Polio y sanó a Audrey por completo! ¡El médico dijo que era un milagro! Dijo que no había manera de explicar su recuperación desde el punto de vista médico.

Dios, en su misericordia le prolongó la vida otros 44 años. Audrey, quien no podía tragar su propia saliva, recibió una voz hermosa que cantaba para glorificar a Dios. Llevó una vida muy activa como esposa, madre de dos hijos y una gerente extraordinaria. Estuvimos casados por casi 28 años antes de que Audrey fuera al cielo.

En el momento que Dios entendió, el Señor trajo a mi vida a Sandra Frances Sheskin, una hermosa mujer judía. Sandra es la primera generación norteamericana de su familia, nació de padres inmigrantes polacos y se crió en un hogar judío ortodoxo practicante. La mayoría de sus familiares, por ambos lados, fueron asesinados por los nazis.

Antes de casarnos Sandra era la vocera principal del gobierno de los Estados Unidos sobre la historia y herencia del emblema nacional de los Estados Unidos, el Escudo de los Estados Unidos de América. En ese puesto Sandra respondía directamente a la oficinal del Presidente.

Sandra es una judía mesiánica, cantante concertista y que realiza grabaciones. Ha hablado de su amor por Israel y por su Mesías, "en vivo", desde Jerusalén hasta la Casa Blanca y por el mundo entero, y delante de millones de personas. Juntos hemos estado muy involucrados en sacar a nuestro pueblo judío de Rusia y regresarlo a Israel, en combatir el antisemitismo a nivel mundial y en enseñar las Escrituras judías.

> **En la actualidad hay miles de judíos mesiánicos y cientos de sinagogas y congregaciones judío-mesiánicas en las que los creyentes judíos adoran, y al menos 40 de tales congregaciones están en Israel.**

En la actualidad hay miles de judíos mesiánicos y cientos de sinagogas y congregaciones judío-mesiánicas en las que los creyentes judíos adoran, y al menos 40 de tales congregaciones están en Israel. Cada año miles de creyentes en la Biblia asisten a congresos de judíos mesiánicos. Qué alegría estar involucrados en este despertar espiritual judío-mesiánico del fin de los tiempos que Dios prometió a nuestro pueblo en Oseas 3:5:

> *Después volverán los hijos de Israel, y buscarán a Jehová su Dios, y a David su rey; y temerán a Jehová y a su bondad en el fin de los días.*

El Mesías ha hecho tantas otras cosas maravillosas en nuestras vidas: respuestas a la oración, milagros de provisión, sanidades de enfermedades, dirección sobrenatural, y mucho, mucho más. Se necesitaría varios libros para escribir al respecto.

No me canso de animarle para que invite a Yeshúa el Mesías a su corazón y a su vida.

> *Temed a Jehová, vosotros sus santos, Pues nada falta a los que le temen. (Salmos 34:9, versículo 8 en algunas versiones). Y todo aquel que invocare el nombre de Jehová será salvo (Joel 2:32).*

Esta es la manera de invitar a Yeshúa el Mesías a su corazón y a su vida como un acto de fe para recibir su sangre expiatoria:

1) *Ore*: Orar es simplemente hablar con Dios con sus propias palabras.

2) *Confiese*: Reconozca ante Dios que usted ha pecado, ha quebrantado sus mandamientos, y que realmente lo siente.

3) *Pida* y *reciba*: Pídale a Yeshúa el Mesías que venga a su corazón y su vida para que le limpie con su sangre expiatoria.

4) *Crea*: ¡Déle gracias, por fe, por hacer esto!

Algunas personas tienen experiencias emocionales cuando invitan al Mesías a su vida y otras no. Solo déle gracias a Él por venir a su corazón, no en base a los sentimientos humanos sino en la autoridad de la Biblia judía. ¡Esto es un acto de fe aceptable para Dios! A continuación una oración sencilla:

> Amado Dios, confieso que he pecado contra ti y realmente lo siento. Mesías Yeshúa, por favor, ven a mi corazón y a mi vida y límpiame con tu preciosa sangre expiatoria. Gracias por hacerlo de acuerdo a tu Palabra. Haré cualquier cosa que tú quieras que haga, con tu ayuda. ¡Lo digo de veras, Señor! En tu nombre, ¡Amén!

¿Esta oración expresa el deseo de su corazón? Si es así, hágala *ahora mismo*, y el Mesías entrará a su vida como lo prometió en la Palabra de Dios. (Puede apartar un momento ahora mismo y decir esta oración en voz alta.)

¿Invitó usted a Yeshúa el Mesías a su vida? ¿Lo hizo con

sinceridad? Entonces, ¿dónde está Yeshúa según lo que dice la Biblia? La Palabra de Dios dice:

> *He aquí, yo estoy a la puerta [de su corazón y su vida] y llamo; si alguno oye mi voz y abre la puerta [de su corazón y su vida], entraré a él, y cenaré [tendré comunión] con él, y él conmigo.* (Yeshúa el Mesías en Apocalipsis 3:20).

Si usted oró para recibirlo, ¡o Dios es el mayor mentiroso del mundo o Yeshúa el Mesías está en su corazón ahora mismo!

> *Dios no es hombre, para que mienta, Ni hijo de hombre para que se arrepienta. El dijo, ¿y no hará? Habló, ¿y no lo ejecutará?* (Números 23:19).

En el momento en que usted pidió a Yeshúa el Mesías que entrara a su corazón y a su vida por un acto de fe, Dios comenzó a hacer muchas cosas maravillosas para usted, entre ellas:

1) ¡Sus pecados fueron expiados (cubiertos, perdonados)!
2) ¡Usted recibió justicia (está "al día" con Dios) por fe!
3) ¡Entró en una relación personal con Dios y se convirtió en hijo de Dios!
4) ¡Usted recibió vida eterna!
5) ¡El Espíritu Santo de Dios (*Ruach ha Kodesh*) entró a su vida para guiarle y dirigirle!
6) ¡Usted comenzó la vida abundante y la aventura emocionante para la cual Dios le creó: conocer a Dios y darlo a conocer!

(Si todavía usted no le ha pedido a Yeshúa el Mesías que venga a su vida, ¡pídaselo ahora mismo y estas bendiciones maravillosas serán suyas también!)

Cómo crecer en la vida abundante de Dios:

1) Confiese cualquier pecado futuro a Dios y pídale su ayuda para vencerlos.

2) Ore a Dios en el nombre de su Hijo (Yeshúa) y alábelo (agradézcale) mucho.

3) Lea la Palabra de Dios (la Biblia) una vez o más cada día. Así como usted tiene tres comidas físicas decentes cada día, usted necesita comidas espirituales habituales. Antes de leer, pídale a Dios que le muestre la verdad mientras lea. Él es el autor. Ese es su libro.

4) Memorice tantos versículos bíblicos como le sea posible. (Empiece por los versículos de este capítulo.)

5) Reúnase al menos una vez por semana con otros creyentes en la Biblia.

Después de probar lo mejor que el mundo ofrece y ahora caminar con el Mesías por más de 40 años, puedo decir honestamente que no hay nada que satisfaga como conocer a Dios de una manera íntima, personal.

Comentario de Sid Roth

Muchas personas me dicen: "Hace más de 30 años que usted es un judío creyente en Jesús. ¿Todavía cree en 'Él' tan fervientemente como al principio? ¿No tiene dudas de la experiencia que vivió hace casi un cuarto de siglo? ¿No cree que lo imaginó?"

Si esta fuera mi única experiencia, es muy probable que hubiera dejado de seguir al Mesías hace muchos años. Pero mi fe se basa en dos cosas: el *Espíritu* de Dios y la *Palabra* de Dios.

Primero, el Espíritu de Dios vive dentro de mí, literalmente. Mientras le escribo esto a usted, yo siento su presencia. Es como ríos de agua viva que fluyen de mi cuerpo. Es maravilloso. Nunca he estado endrogado ni borracho, pero no puedo imaginar que alguna droga o el alcohol pudieran acercarse a lo que estoy experimentado ahora. Sé que Dios está conmigo todo el tiempo. He visto a la enfermedad marcharse cuando digo su nombre. He hablado en un idioma que nunca antes había *escuchado*, muchos menos aprendido y he llevado a la gente a conocer a Jesús. Tengo lo que la Biblia denomina una paz que sobrepasa todo entendimiento humano. Entonces, cuando alguien me pregunta: "¿No le parece que debiera olvidarse de este asunto de Jesús?" Yo le respondo: "Es demasiado tarde. Ya lo he experimentado. ¡Lo conozco!".

Segundo, mi fe se basa en las profecías de las Escrituras judías. La mayoría de las predicciones de Dios acerca de su pueblo judío ya han ocurrido. Podemos tener toda confianza en que las profecías restantes también se cumplirán.

Las Escrituras hablan de un suceso que hará que el reloj profético se acelere. Jeremías dice que habrá un gran éxodo de judíos de la tierra del norte (el norte de Israel es la antigua Unión Soviética; véase Jeremías 16:15). Una vez que esto suceda, los judíos de todas las naciones del mundo regresarán. El profeta Ezequiel dice que no quedará nadie en la Diáspora (véase Ezequiel 39:28).

Isaías dice que los judíos de China regresarán a Israel como una señal de los últimos tiempos (véase Isaías 49:12; *Sinim* es la palabra hebrea para China). La mayoría de las personas nunca han oído hablar de judíos chinos. Pero yo he estado en Kaifeng, China, y he conocido a muchos judíos chinos que están en el proceso de regresar a Israel.

¿Cómo hará Dios que un judío norteamericano regrese a Israel? Al fin y al cabo no solo tendríamos que renunciar a nuestro estilo de vida americanizado sino que también tendríamos que enfrentar los peligros únicos de vivir en Israel.

Jeremías 16:16 responde esa pregunta. Primero, habrá una época de misericordia. "Pescadores" que gentilmente les dirán a los judíos que vienen inundaciones y la única seguridad estará en los brazos amorosos del Mesías.

Pero aquellos que no escuchen la advertencia serán víctimas de los "cazadores". Las generaciones pasadas han visto estos cazadores: Faraón, Amán, Stalin y Hitler. El único lugar donde un judío podrá encontrar refugio de los cazadores será en Israel.

No obstante, la Biblia dice que *todas* las naciones se volverán en contra de Israel en los últimos días (véase Zacarías 14:2). Dos tercios de los judíos perecerán (véase Zacarías 13:8).

Cuando no quede esperanza, el Mesías peleará por Israel (véase Zacarías 14:3). La nación se arrepentirá (véase Zacarías 12:10) y será limpiada de pecado (véase Zacarías 13:1).

Usted tiene dos opciones:

Conocer al Mesías ahora y cumplir con su destino al convertirse en un campeón de Dios o creer en Él en la gran batalla final cuando Él nos rescate de la destrucción. El único problema con la última opción es que la mayoría de los judíos perecerán antes del gran rescate. Yo creo que la mayoría de los judíos norteamericanos no reconocerán la trampa mortal antisemita norteamericana hasta cuando sea demasiado tarde. Ese fue nuestro destino en la Alemania de Hitler. Y la muerte sin perdón de pecados resulta en separación eterna de Dios, sin oportunidad de cambiar de rumbo.

Si usted no es judío, su decisión es todavía más crucial. Como sabe, ¡los primeros seguidores de Jesús fueron todos judíos! Si usted quería seguir a Jesús, el requisito era convertirse al judaísmo tradicional. Después de que Pedro recibiera la revelación de Dios, se decidió que un gentil podía creer en Jesús sin convertirse al judaísmo. Se abrieron las compuertas e incluso más gentiles que judíos siguieron al Mesías judío. Pero Jesús dijo en Lucas 21:24 que cuando Jerusalén estuviera en manos judías, eso significaría el final de la era gentil.

Jerusalén está en manos de los judíos. *Estamos al final de la era gentil.* Multitudes de gentiles serán arrastrados a su reino pero aquellos que se resistan endurecerán sus corazones y su amor se enfriará. *¡El tiempo se está acabando!* Algunos que leen este libro estarán vivos durante los desastres apocalípticos que se predijeron en la Biblia. Puede que otros mueran esta noche. Usted no sabe cuándo llegará su final. Ahora es el único momento que tiene por seguro. Aprovéchelo.

Después de orar para hacer al Mesías su Señor, o si tiene alguna pregunta o quiere encontrar una congregación en su zona, escríbame o envíeme un fax a la dirección o el número que aparecen en la página 237.

NOTAS

1. Véase http://www.answers.com/topic/compoundprobability.

2. Josefo, *Antigüedades de los judíos*, Editorial Clie, España, 2009.

3. Maimónides, Moisés, *The Thirteen Principles of Faith* [Los trece principios de la fe], Kol Menachem, Brooklyn, NY, 2007.

It's Supernatural! y Messianic Vision de Sid Roth

P.O. Box 1918
Brunswick, GA 31521-1918

(912) 265-2500
(912) 265-3735 FAX

Sitio web: ww.sidroth.org e-mail: info@sidroth.org

Messianic Vision Canada
Suite 143
5929 L Jeanne D'arc Blvd. Orleans,
Ontario K1C 7K2

E-Mail: Canada@sidroth.org